BIBLICAL
HEBREW
VOCABULARY
in CONTEXT

Other Resources by Miles V. Van Pelt and Gary D. Pratico

Basics of Biblical Hebrew Grammar

Basics of Biblical Hebrew Workbook

Charts of Biblical Hebrew

Graded Reader of Biblical Hebrew

Old Testament Hebrew Vocabulary Cards

The Vocabulary Guide to Biblical Hebrew and Aramaic

Biblical Hebrew Laminated Sheet

Other Resources by Miles V. Van Pelt

English Grammar to Ace Biblical Hebrew

Biblical Hebrew: A Compact Guide

Basics of Biblical Hebrew Video Lectures

Basics of Biblical Hebrew Vocabulary Audio

Basics of Biblical Aramaic: Complete Grammar, Lexicon, and Annotated Text

Basics of Biblical Aramaic Video Lectures

BIBLICAL HEBREW
VOCABULARY
in CONTEXT

Building Competency
with Words Occurring
50 Times or More

MILES V. VAN PELT
GARY D. PRATICO

ZONDERVAN
ACADEMIC

ZONDERVAN ACADEMIC

Biblical Hebrew Vocabulary in Context
Copyright © 2019 by Miles V. Van Pelt and Gary D. Pratico

ISBN 978-0-310-09847-8 (softcover)

ISBN 978-0-310-11126-9 (ebook)

Requests for information should be addressed to:
Zondervan, *3900 Sparks Dr. SE, Grand Rapids, Michigan 49546*

Cover design: Holli Leegwater
Cover photo: Sandipkumar Patel/iStock
Typesetting: Miles V. Van Pelt

Printed in the United States of America

HB 05.16.2024

בְּחֻקֹּתֶיךָ אֶשְׁתַּעֲשָׁע לֹא אֶשְׁכַּח דְּבָרֶךָ:

I will delight in your statutes.
I will not forget your word.

Psalm 119:16

Table of Contents

Acknowledgements   viii

Introduction   ix

List 1: Hebrew Texts with Translations   1

List 2: Hebrew Texts without Translations   63

Hebrew-English Lexicon   97

Scripture Index   129

Acknowledgments

It is a great privilege to teach biblical Hebrew and we are thankful for those students who continue to challenge us to innovate and produce resources that facilitate the learning process. We are indebted to Nancy Erickson and the outstanding team at Zondervan for their many years of support and unwavering commitment to the production of classical language resources designed to benefit the church. CL Pearce has participated in this project from the very beginning by providing expert assistance in editing, manuscript revision, and content evaluation. We are forever indebted to our families who support and encourage our work. Finally, we express our continued indebtedness to Verlyn D. Verbrugge,[†] our good friend and the visionary behind Zondervan's development of language resources. His ministry continues to impact the church in so many positive and outstanding ways. This book is fondly dedicated to his memory.

Miles V. Van Pelt
Gary D. Pratico
January 1, 2019

Introduction

What is a Contextual Vocabulary List?

A contextual vocabulary list is comprised of texts with vocabulary words already memorized by a student. The selected texts are designed to reinforce basic vocabulary by studying those words "in context." In this resource, we have identified and selected 195 verses or verse fragments from the Hebrew Bible that contain all 642 Hebrew words (excluding proper names) that appear 50 times or more in the Hebrew Bible. We have glossed those few words (only 56!) that appear less than 50 times. Proper names appear in gray text for ease of identification. If a student has successfully memorized all Hebrew words that appear 50 times or more in the Hebrew Bible, he or she should be able to work through each of the texts that appear in this list without the use of a lexicon.

Why Study Vocabulary in Context?

It's one thing to memorize a vocabulary word on a vocabulary card without any other context, something like נָתַן (to give) or נָכָה (to strike). It's another thing entirely to see that same word "in context" and make the connection between the inflected form and its lexical form, as in לָתֵת (in order to give) or וַיַּךְ (and he struck). Unless a student can identify inflected forms in context and connect them with their vocabulary memorization, they will struggle to read and enjoy Hebrew. Additionally, seeings words in context helps the student to understand the range of meaning Hebrew words can have.

By encountering Hebrew vocabulary in context, students will strengthen their memorization of a word's meaning and improve the time it takes to recall that meaning. Additionally, studying Hebrew vocabulary in context allows for students to make connections between words that will facilitate memorization. For example, in Gen 12:6 there is a list of animals (sheep, cattle, male and female donkeys, and camels). By studying the names of these animals together in context, students are better able to store and recall this information.

To read Hebrew well takes practice, lots and lots of practice. Each year, students ask what they should do to improve their Hebrew skills. The answer is always the same. Read more Hebrew! Reading Hebrew is what makes you better at reading Hebrew. We recognize, however, that unguided immersion into the Hebrew Bible is a daunting task, especially for the beginner. This is why we have created a contextual vocabulary list. Students will be encouraged by working with a list that has been designed to improve their skill in reading, one of the great joys of studying a classical language like Hebrew.

How Do You Use a Contextual Vocabulary List?

You read it! A contextual vocabulary list is designed for intermediate Hebrew studies, after a student has mastered the basics of Hebrew grammar and memorized all Hebrew words that appear 50 times or more in the Hebrew Bible. The contextual vocabulary list that we have created appears two times in this resource. Each list is identically numbered (1–195) in order to facilitate study.

In the first list, each text appears with a wooden English translation and space to take notes on the Hebrew text. This first list can be used like a workbook. Students can gloss words, comment on difficult morphology, or identify important syntactical constructions by using *Biblical Hebrew: A Compact Guide*, 2nd edition (Zondervan, 2019).

The second list appears without English translations and less space for note-taking. This second list is designed to test a student's ability to sight-read the Hebrew text without recourse to a grammar, lexicon, or English translation. The ultimate purpose and design of this resource is to facilitate a student's ability to sight-read all 195 texts that appear in the contextual vocabulary list.

In a classroom context, this list can be used to create vocabulary quizzes that depart from the traditional presentation of a simple lexical form requiring a generic translation from the student. Because the lists are numbered, instructors can assign texts and quiz from appropriate blocks of material that suit the particular needs of various classroom contexts and environments.

This resource is also well-suited for self study. Students studying on their own should select small blocks of texts from List 1, perhaps ten or fifteen texts at a time. After having studied those texts in the first list, students can check their ability to sight-read by using the second list that appears without translations. Once a group of texts has been mastered, students can progress through the remaining texts in the same manner, always keeping in mind the vital importance of reviewing previous material.

By way of encouragement, it is motivating to understand that once a student can identify in context all 642 Hebrew words that appear 50 times or more in the Hebrew Bible, he or she will have access to approximately *90 percent* of the Old Testament in the original language.[1] Knowing this modest block of vocabulary well should yield significant returns on a student's investment.

The Lexicon

The lexicon located in the back of this book contains all 642 Hebrew words (excluding proper names) that occur 50 or more times in the Hebrew Bible. Its contents are derived from *The Vocabulary Guide to Biblical Hebrew and Aramaic*, 2nd edition (Zondervan, 2019). The numbers that appear in the left-hand column of this lexicon correspond to the numbers in the frequency list of the *Vocabulary Guide* and to those numbers that idenfity each of the vocabulary cards from *Old Testament Hebrew Vocabulary Cards*, 2nd edition (Zondervan, 2019).

---

1. According to the Accordance database, there are 384,059 Hebrew words in the Hebrew Bible (excluding proper names, pronominal suffixes, and Aramaic). The 642 Hebrew words studied in this contextual vocabulary list, comprise 348,503 total occurrences, or 89.7% of the Hebrew words in the Hebrew Bible.

List 1

Hebrew Texts
with
Translations

(1)   בְּרֵאשִׁית בָּרָא (created) אֱלֹהִים אֵת הַשָּׁמַיִם וְאֵת הָאָרֶץ:

In a (the) beginning God created the heavens and the earth.

Genesis 1:1

(2)   וַיִּקְרָא אֱלֹהִים לָאוֹר יוֹם וְלַחֹשֶׁךְ קָרָא לָיְלָה

וַיְהִי־עֶרֶב וַיְהִי־בֹקֶר יוֹם אֶחָד:

And God called (to) the light "day" and (to) the darkness he called
"night" and it was evening and it was morning,
day one (the first day).

Genesis 1:5

(3)   וַיְבָרֶךְ אֹתָם אֱלֹהִים וַיֹּאמֶר לָהֶם אֱלֹהִים פְּרוּ (be fruitful)

וּרְבוּ וּמִלְאוּ אֶת־הָאָרֶץ

And God blessed them and God said to them,
"Be fruitful and increase and fill the earth."

Genesis 1:28a

(4) וַיַּרְא אֱלֹהִים אֶת־כָּל־אֲשֶׁר עָשָׂה וְהִנֵּה־טוֹב מְאֹד

And God saw all that he had made and,
behold, [it was] very good.

Genesis 1:31a

---

(5) וַיְכַל אֱלֹהִים בַּיּוֹם הַשְּׁבִיעִי מְלַאכְתּוֹ אֲשֶׁר עָשָׂה

וַיִּשְׁבֹּת בַּיּוֹם הַשְּׁבִיעִי

And God finished on the seventh day his work which
he had done. And he rested on the seventh day.

Genesis 2:2a

---

(6) וּמֵעֵץ הַדַּעַת טוֹב וָרָע לֹא תֹאכַל מִמֶּנּוּ

כִּי בְּיוֹם אֲכָלְךָ מִמֶּנּוּ מוֹת תָּמוּת:

And from the tree of the knowledge of good and evil
you shall not eat from it. For on the day that
you eat from it, you will certainly die.

Genesis 2:17

(7) וַיִּצֶר (he formed) יְהוָה אֱלֹהִים מִן־הָאֲדָמָה כָּל־חַיַּת הַשָּׂדֶה וְאֵת

כָּל־עוֹף הַשָּׁמַיִם וַיָּבֵא אֶל־הָאָדָם לִרְאוֹת מַה־יִּקְרָא־לוֹ וְכֹל אֲשֶׁר

יִקְרָא־לוֹ הָאָדָם נֶפֶשׁ חַיָּה הוּא שְׁמוֹ:

And Yahweh God formed from the ground every living creature of the field and every bird of heaven. And he brought [them] to the man to see what he would call it [them]. And whatever the man called [each] living creature, that was its name.

Genesis 2:19

---

(8) וַיֹּאמֶר הָאָדָם זֹאת הַפַּעַם עֶצֶם מֵעֲצָמַי וּבָשָׂר מִבְּשָׂרִי

לְזֹאת יִקָּרֵא אִשָּׁה כִּי מֵאִישׁ לֻקֳחָה־זֹּאת:

And the man said,"This is now, bone from (of) my bones and flesh from my flesh. She (this one) will be called 'woman' because she (this one) was taken from man."

Genesis 2:23

---

(9) עַל־כֵּן יַעֲזָב־אִישׁ אֶת־אָבִיו וְאֶת־אִמּוֹ וְדָבַק בְּאִשְׁתּוֹ

וְהָיוּ לְבָשָׂר אֶחָד:

Therefore, a man will leave his father and his mother and he will cleave to (be united with) his wife and they will become one flesh.

Genesis 2:24

(10) וַיֹּאמֶר מֶה עָשִׂיתָ קוֹל דְּמֵי אָחִיךָ צֹעֲקִים אֵלַי מִן־הָאֲדָמָה:

And he (Yahweh) said, "What have you done? The voice of the blood of your brother is crying out to me from the ground."

Genesis 4:10

---

(11) וְנֹחַ מָצָא חֵן בְּעֵינֵי יְהוָה:

And Noah found favor in the eyes of Yahweh.

Genesis 6:8

---

(12) וַתִּשָּׁחֵת הָאָרֶץ לִפְנֵי הָאֱלֹהִים וַתִּמָּלֵא הָאָרֶץ חָמָס:

And the earth was ruined (had become corrupt) before God. And the earth was filled with violence.

Genesis 6:11

---

(13) וּבַחֹדֶשׁ הַשֵּׁנִי בְּשִׁבְעָה וְעֶשְׂרִים יוֹם לַחֹדֶשׁ יָבְשָׁה הָאָרֶץ:

And in the second month, on the twenty seventh day of the month, the earth had dried up.

Genesis 8:14

(14) וַיִּבֶן נֹחַ מִזְבֵּחַ לַיהוָה וַיִּקַּח מִכֹּל הַבְּהֵמָה הַטְּהוֹרָה

וּמִכֹּל הָעוֹף הַטָּהֹר וַיַּעַל עֹלֹת בַּמִּזְבֵּחַ:

And Noah built an altar to Yahweh and he took some of
every clean animal and some of every clean bird
and he offered up burnt offerings on the altar.

Genesis 8:20

---

(15) וַאֲנִי הִנְנִי מֵקִים אֶת־בְּרִיתִי אִתְּכֶם וְאֶת־זַרְעֲכֶם אַחֲרֵיכֶם:

And I, behold, I am establishing my covenant with you
and with your offspring (seed) after you.

Genesis 9:9

---

(16) אֶת־קַשְׁתִּי נָתַתִּי בֶּעָנָן וְהָיְתָה לְאוֹת בְּרִית בֵּינִי וּבֵין הָאָרֶץ:

My bow (rainbow) I have set in the clouds and it will be a sign
of the (a) covenant between me and between the earth.

Genesis 9:13

---

(17) וַיָּפֶץ יְהוָה אֹתָם מִשָּׁם עַל־פְּנֵי כָל־הָאָרֶץ וַיַּחְדְּלוּ לִבְנֹת הָעִיר:

And Yahweh scattered them from there over the face of
all the earth and they stopped building the city.

Genesis 11:8

(18) וַאֲבָרְכָה מְבָרְכֶיךָ וּמְקַלֶּלְךָ אָאֹר וְנִבְרְכוּ בְךָ כֹּל מִשְׁפְּחֹת הָאֲדָמָה׃

And I will bless the ones who bless you and the one who curses you
I will curse. And in (through) you all the families
of the land will be blessed.

Genesis 12:3

---

(19) וַיְהִי רָעָב בָּאָרֶץ וַיֵּרֶד אַבְרָם מִצְרַיְמָה לָגוּר שָׁם

כִּי־כָבֵד הָרָעָב בָּאָרֶץ׃

And there was a famine in the land and Abram went down to Egypt
to sojourn there because the famine was severe in the land.

Genesis 12:10

---

(20) וּלְאַבְרָם הֵיטִיב בַּעֲבוּרָהּ (on account of) וַיְהִי־לוֹ צֹאן־וּבָקָר וַחֲמֹרִים

וַעֲבָדִים וּשְׁפָחֹת וַאֲתֹנֹת (female donkeys) וּגְמַלִּים׃

And for Abram it went well on account of her. And there were to
him (and he had) sheep and cattle and male donkeys and male
servants and female servants and female donkeys and camels.

Genesis 12:16

(21) וַיְנַגַּע יְהוָה אֶת־פַּרְעֹה נְגָעִים גְּדֹלִים וְאֶת־בֵּיתוֹ

עַל־דְּבַר שָׂרַי אֵשֶׁת אַבְרָם:

And Yahweh struck Pharaoh with great plagues and
his house on account of Sarai, the wife of Abram.

Genesis 12:17

---

(22) לָמָה אָמַרְתָּ אֲחֹתִי הִוא וָאֶקַּח אֹתָהּ לִי לְאִשָּׁה

וְעַתָּה הִנֵּה אִשְׁתְּךָ קַח וָלֵךְ:

Why did you say, "She is my sister," so that I took her for myself
as a wife? And now, behold, take your wife and go.

Genesis 12:19

---

(23) אַל־תִּירָא אַבְרָם אָנֹכִי מָגֵן לָךְ שְׂכָרְךָ (reward) הַרְבֵּה מְאֹד:

Do not fear, Abram. I am your shield, your very great reward.

Genesis 15:1b

(24) וְהֶאֱמִן בַּיהוָה וַיַּחְשְׁבֶהָ לּוֹ צְדָקָה׃

And he believed (in) Yahweh and he reckoned
it to him as righteousness.

Genesis 15:6

---

(25) וְדוֹר רְבִיעִי יָשׁוּבוּ הֵנָּה כִּי לֹא־שָׁלֵם עֲוֺן הָאֱמֹרִי עַד־הֵנָּה׃

And [in] a fourth generation, they will return here for the
iniquity of the Amorites is not yet complete.

Genesis 15:16

---

(26) בַּיּוֹם הַהוּא כָּרַת יְהוָה אֶת־אַבְרָם בְּרִית לֵאמֹר לְזַרְעֲךָ נָתַתִּי
אֶת־הָאָרֶץ הַזֹּאת מִנְּהַר מִצְרַיִם עַד־הַנָּהָר הַגָּדֹל

On that day, Yahweh cut (made) with Abram a covenant saying, "To
your offspring (seed) I have given this land, from the
river of Egypt as far as the great river."

Genesis 15:18a

(27) וַיְהִי אַבְרָם בֶּן־תִּשְׁעִים שָׁנָה וְתֵשַׁע שָׁנִים וַיֵּרָא יְהוָה אֶל־אַבְרָם

וַיֹּאמֶר אֵלָיו אֲנִי־אֵל שַׁדַּי (El Shaddai) הִתְהַלֵּךְ לְפָנַי וֶהְיֵה תָמִים:

And Abram was the son of ninety years and nine years (ninety-nine
years old). And Yahweh appeared to Abram and he
said to him, "I am El Shaddai (God Almighty),
walk before me and be blameless."

Genesis 17:1

---

(28) וַיִּשָּׂא עֵינָיו וַיַּרְא וְהִנֵּה שְׁלֹשָׁה אֲנָשִׁים נִצָּבִים עָלָיו וַיַּרְא וַיָּרָץ

לִקְרָאתָם מִפֶּתַח הָאֹהֶל וַיִּשְׁתַּחוּ אָרְצָה:

And he lifted up his eyes and he looked and, behold, three men were
standing by him. And he looked and he ran to meet them from the
opening of the tent. And he bowed down to the ground.

Genesis 18:2

---

(29) וְעַתָּה אִם־יֶשְׁכֶם עֹשִׂים חֶסֶד וֶאֱמֶת אֶת־אֲדֹנִי הַגִּידוּ לִי

וְאִם־לֹא הַגִּידוּ לִי וְאֶפְנֶה עַל־יָמִין אוֹ עַל־שְׂמֹאל:

And now, if you will show (do) steadfast love and faithfulness
with my master, tell me, but if not, tell me so that
I may turn to the right or to the left.

Genesis 24:49

(30) וַיִּמְלְאוּ יָמֶיהָ לָלֶדֶת וְהִנֵּה תוֹמִם (twins) בְּבִטְנָהּ:

And her days were fulfilled to give birth
and, behold, twins were in her womb.

Genesis 25:24

---

(31) וַיֹּאמֶר הֵן עוֹד הַיּוֹם גָּדוֹל לֹא־עֵת הֵאָסֵף הַמִּקְנֶה

הַשְׁקוּ הַצֹּאן וּלְכוּ רְעוּ:

And he said, "Behold, the day is still great (midday);
it is not time for the livestock to be gathered together.
Water the flocks and go, pasture [them]."

Genesis 29:7

---

(32) וַיְהִי־לִי שׁוֹר וַחֲמוֹר צֹאן וְעֶבֶד וְשִׁפְחָה

וָאֶשְׁלְחָה לְהַגִּיד לַאדֹנִי לִמְצֹא־חֵן בְּעֵינֶיךָ:

And I have oxen and donkey(s), flocks and male servant(s)
and female servant(s) and I have sent to tell my lord
in order to find favor in your eyes.

Genesis 32:6[5]

(33) וְאֵלֶּה שְׁמוֹת אַלּוּפֵי עֵשָׂו לְמִשְׁפְּחֹתָם לִמְקֹמֹתָם בִּשְׁמֹתָם

אַלּוּף תִּמְנָע אַלּוּף עַלְוָה אַלּוּף יְתֵת:

These are the names of the chiefs of Esau by their families (clans), by their places, by their names: chief Timna, chief Alvah, chief Jetheth.

Genesis 36:40

---

(34) וַיֹּאמֶר יוֹסֵף אֶל־אֶחָיו גְּשׁוּ־נָא אֵלַי וַיִּגָּשׁוּ וַיֹּאמֶר אֲנִי יוֹסֵף אֲחִיכֶם

אֲשֶׁר־מְכַרְתֶּם אֹתִי מִצְרָיְמָה:

And Joseph said to his brothers, "Draw near to me." And they drew near and he said, "I am Joseph, your brother, whom you sold (me) into Egypt."

Genesis 45:4

---

(35) וַיָּקָם מֶלֶךְ־חָדָשׁ עַל־מִצְרָיִם אֲשֶׁר לֹא־יָדַע אֶת־יוֹסֵף:

And a new king arose over Egypt who did not know Joseph.

Exodus 1:8

(36) וַיֹּאמֶר כִּי־אֶהְיֶה עִמָּךְ וְזֶה־לְּךָ הָאוֹת כִּי אָנֹכִי שְׁלַחְתִּיךָ בְּהוֹצִיאֲךָ

אֶת־הָעָם מִמִּצְרַיִם תַּעַבְדוּן אֶת־הָאֱלֹהִים עַל הָהָר הַזֶּה:

And he said, "(Surely) I will be with you and this will be the sign to
you that I have sent you: when you have brought out the people from
Egypt you will worship God upon this mountain."

Exodus 3:12

---

(37) הִנֵּה אָנֹכִי מַכֶּה בַּמַּטֶּה אֲשֶׁר־בְּיָדִי עַל־הַמַּיִם

אֲשֶׁר בַּיְאֹר וְנֶהֶפְכוּ לְדָם:

Behold, I am striking (will strike) with the staff that is
in my hand the water that is in the river (Nile)
and it will be turned into blood.

Exodus 7:17b

---

(38) וַיֹּאמֶר יְהוָה אֶל־מֹשֶׁה בֹּא אֶל־פַּרְעֹה כִּי־אֲנִי הִכְבַּדְתִּי אֶת־לִבּוֹ

וְאֶת־לֵב עֲבָדָיו לְמַעַן שִׁתִי אֹתֹתַי אֵלֶּה בְּקִרְבּוֹ:

And Yahweh said to Moses, "Go to Pharaoh, for I have hardened
his heart and the heart of his servants in order that I might
place these signs of mine in his (their) midst."

Exodus 10:1

(39)   וַיְהִי בַּחֲצִי הַלַּיְלָה וַיהוָה הִכָּה כָל־בְּכוֹר בְּאֶרֶץ מִצְרַיִם מִבְּכֹר

פַּרְעֹה הַיֹּשֵׁב עַל־כִּסְאוֹ עַד בְּכוֹר הַשְּׁבִי (captive)

אֲשֶׁר בְּבֵית הַבּוֹר וְכֹל בְּכוֹר בְּהֵמָה:

And it was in the middle of the night that Yahweh struck down every
firstborn in the land of Egypt, from the firstborn of Pharoah who was
sitting upon his throne to the firstborn of the captive who was in the
house of the pit (dungeon), and every firstborn of the livestock.

Exodus 12:29

---

(40)   וּבְנֵי־יִשְׂרָאֵל עָשׂוּ כִּדְבַר מֹשֶׁה וַיִּשְׁאֲלוּ מִמִּצְרַיִם כְּלֵי־כֶסֶף וּכְלֵי

זָהָב וּשְׂמָלֹת (clothes):

And the children (sons) of Israel did according to the word of Moses
and they asked from Egypt vessels of silver
and vessels of gold and clothing.

Exodus 12:35

---

(41)   וַיֶּאְסֹר אֶת־רִכְבּוֹ וְאֶת־עַמּוֹ לָקַח עִמּוֹ:

And he tied up (prepared) his chariot and
his people he took with him.

Exodus 14:6

(42) וַיֵּט מֹשֶׁה אֶת־יָדוֹ עַל־הַיָּם וַיּוֹלֶךְ יְהוָה אֶת־הַיָּם בְּרוּחַ קָדִים עַזָּה
(strong) כָּל־הַלַּיְלָה וַיָּשֶׂם אֶת־הַיָּם לֶחָרָבָה (dry land) וַיִּבָּקְעוּ הַמָּיִם׃

And Moses stretched out his hand over the sea and Yahweh moved the sea (back) with a strong east wind all night and he made the sea into dry land and the waters were divided.

Exodus 14:21

---

(43) וַיִּבְחַר מֹשֶׁה אַנְשֵׁי־חַיִל מִכָּל־יִשְׂרָאֵל וַיִּתֵּן אֹתָם רָאשִׁים עַל־הָעָם
שָׂרֵי אֲלָפִים שָׂרֵי מֵאוֹת שָׂרֵי חֲמִשִּׁים וְשָׂרֵי עֲשָׂרֹת׃

And Moses chose men of strength from all of Israel and he set them as heads over the people – rulers of thousands, rulers of hundreds, rulers of fifties, and rulers of tens.

Exodus 18:25

---

(44) זָכוֹר אֶת־יוֹם הַשַּׁבָּת לְקַדְּשׁוֹ

Remember the day of the Sabbath
to keep (by keeping) it holy.

Exodus 20:8a

(45)   עַיִן תַּחַת עַיִן שֵׁן תַּחַת שֵׁן יָד תַּחַת יָד רֶגֶל תַּחַת רָגֶל:

Eye for an eye, tooth for a tooth, hand
for a hand, foot for a foot.

Exodus 21:24

---

(46)   זֹבֵחַ לָאֱלֹהִים יָחֳרָם בִּלְתִּי לַיהוָה לְבַדּוֹ:

The one who sacrifices to a god, except to Yahweh alone, will be
dedicated to destruction (devoted to the ban).

Exodus 22:19[20]

---

(47)   וְחָרָה אַפִּי וְהָרַגְתִּי אֶתְכֶם בֶּחָרֶב

וְהָיוּ נְשֵׁיכֶם אַלְמָנוֹת וּבְנֵיכֶם יְתֹמִים (orphans):

And my anger (nose) will burn and I will kill you with the
sword and your wives will become widows
and your sons [will become] orphans.

Exodus 22:23[24]

(48) וַיָּבֹא מֹשֶׁה וַיְסַפֵּר לָעָם אֵת כָּל־דִּבְרֵי יְהוָה וְאֵת כָּל־הַמִּשְׁפָּטִים

וַיַּעַן כָּל־הָעָם קוֹל אֶחָד וַיֹּאמְרוּ כָּל־הַדְּבָרִים

אֲשֶׁר־דִּבֶּר יְהוָה נַעֲשֶׂה׃

And Moses came and he recounted to the people all of the words of
Yahweh and all of the judgments. And all of the people answered
with one voice and they said, "All of the words that Yahweh has
spoken we will do."

Exodus 24:3

---

(49) וַיִּכְתֹּב מֹשֶׁה אֵת כָּל־דִּבְרֵי יְהוָה וַיַּשְׁכֵּם בַּבֹּקֶר

וַיִּבֶן מִזְבֵּחַ תַּחַת הָהָר

And Moses wrote down all of the words of Yahweh
and he arose early in the morning and he built
an altar at the base of (below) the mountain.

Exodus 24:4a

---

(50) וַיִּשְׁכֹּן כְּבוֹד־יְהוָה עַל־הַר סִינַי וַיְכַסֵּהוּ הֶעָנָן שֵׁשֶׁת יָמִים וַיִּקְרָא

אֶל־מֹשֶׁה בַּיּוֹם הַשְּׁבִיעִי מִתּוֹךְ הֶעָנָן׃

And the glory of Yahweh dwelt on Mount Sinai and the cloud
covered it for six days and he called to Moses on the
seventh day from the midst of the cloud.

Exodus 24:16

(51) וּמַרְאֵה כְּבוֹד יְהוָה כְּאֵשׁ אֹכֶלֶת בְּרֹאשׁ הָהָר לְעֵינֵי בְּנֵי יִשְׂרָאֵל:

And the appearance of the glory of Yahweh was like a consuming fire
on the top of the mountain before the eyes
of the children (sons) of Israel.

Exodus 24:17

---

(52) וְזֹאת הַתְּרוּמָה אֲשֶׁר תִּקְחוּ מֵאִתָּם זָהָב וָכֶסֶף וּנְחֹשֶׁת:

And this is the offering that you will take from
(with) them: gold and silver and bronze.

Exodus 25:3

---

(53) וְיָצַקְתָּ לּוֹ אַרְבַּע טַבְּעֹת זָהָב וְנָתַתָּה עַל אַרְבַּע פַּעֲמֹתָיו

And you will cast (pour out) for it four rings of gold
and you will attach (them) upon its four feet.

Exodus 25:12a

---

(54) וְעָשִׂיתָ לּוֹ אַרְבַּע טַבְּעֹת זָהָב וְנָתַתָּ אֶת־הַטַּבָּעֹת

עַל אַרְבַּע הַפֵּאֹת אֲשֶׁר לְאַרְבַּע רַגְלָיו:

And you will make for it four rings of gold and you will set the rings
upon the four corners which are on its four feet.

Exodus 25:26

(55) וְאֵת הַכֶּבֶשׂ הַשֵּׁנִי תַּעֲשֶׂה בֵּין הָעַרְבָּיִם כְּמִנְחַת הַבֹּקֶר וּכְנִסְכָּהּ

תַּעֲשֶׂה־לָּהּ לְרֵיחַ נִיחֹחַ (soothing) אִשֶּׁה לַיהוָה:

The second lamb you will prepare (offer) between the evenings (at
twilight), like the offering of the morning, and its drink offering
you will prepare (offer) it for a soothing smell, an offering
by fire to Yahweh.

Exodus 29:41

---

(56) וַיַּעֲמֹד מֹשֶׁה בְּשַׁעַר הַמַּחֲנֶה וַיֹּאמֶר מִי לַיהוָה אֵלָי

וַיֵּאָסְפוּ אֵלָיו כָּל־בְּנֵי לֵוִי:

And Moses stood at the gate of the camp and he said,
"Who is for Yahweh? [Come] to me." And all of the
sons of Levi gathered themselves to him.

Exodus 32:26

---

(57) וְעַתָּה אִם־נָא מָצָאתִי חֵן בְּעֵינֶיךָ הוֹדִעֵנִי נָא אֶת־דְּרָכֶךָ וְאֵדָעֲךָ

לְמַעַן אֶמְצָא־חֵן בְּעֵינֶיךָ וּרְאֵה כִּי עַמְּךָ הַגּוֹי הַזֶּה:

And now, if (please) I have found favor in your eyes, please make
known to me your way so that I might know you
in order that I might find favor in your eyes.
And see that this nation is your people.

Exodus 33:13

(58)   אֶת־חַג הַמַּצּוֹת תִּשְׁמֹר שִׁבְעַת יָמִים תֹּאכַל מַצּוֹת

אֲשֶׁר צִוִּיתִךָ לְמוֹעֵד חֹדֶשׁ הָאָבִיב

The feast of unleavened bread you will observe.
For seven days you will eat unleavened bread
as I commanded you, at the appointed
time in the month of Abib.

Exodus 34:18a

---

(59)   וַיָּקֶם מֹשֶׁה אֶת־הַמִּשְׁכָּן וַיִּתֵּן אֶת־אֲדָנָיו וַיָּשֶׂם אֶת־קְרָשָׁיו וַיִּתֵּן

אֶת־בְּרִיחָיו (its bars) וַיָּקֶם אֶת־עַמּוּדָיו:

And Moses set up the tabernacle and he set its bases
and he set in place its boards and he set its bars
and he set up its pillars.

Exodus 40:18

---

(60)   וְנֶפֶשׁ כִּי־תַקְרִיב קָרְבַּן מִנְחָה לַיהוָה סֹלֶת יִהְיֶה קָרְבָּנוֹ

And (when) a person brings (near) a gift as an
offering for Yahweh, his offering will be flour.

Leviticus 2:1a

(61) וְהִקְרִיב מִזֶּבַח הַשְּׁלָמִים אִשֶּׁה לַיהוָה אֶת־הַחֵלֶב הַמְכַסֶּה

אֶת־הַקֶּרֶב וְאֵת כָּל־הַחֵלֶב אֲשֶׁר עַל־הַקֶּרֶב:

And he will bring (near) from the sacrifice of the peace offerings an
offering by fire to Yahweh: the fat that covers the inner parts
(entrails) and all the fat that is on the inner parts (entrails).

Leviticus 3:3

---

(62) וְנוֹדְעָה הַחַטָּאת אֲשֶׁר חָטְאוּ עָלֶיהָ וְהִקְרִיבוּ הַקָּהָל פַּר בֶּן־בָּקָר

לְחַטָּאת וְהֵבִיאוּ אֹתוֹ לִפְנֵי אֹהֶל מוֹעֵד:

And when the sin which they sinned (committed) becomes known
(about it), then the assembly will offer a bull from the herd (a son of a
herd) for a sin offering and they will bring it before the tent of meeting.

Leviticus 4:14

---

(63) וְהוֹצִיא אֶת־הַפָּר אֶל־מִחוּץ לַמַּחֲנֶה וְשָׂרַף אֹתוֹ כַּאֲשֶׁר שָׂרַף

אֵת הַפָּר הָרִאשׁוֹן חַטַּאת הַקָּהָל הוּא:

And he will bring forth the bull (to from) outside the camp
and he will burn it just as he burned the first bull.
It is the sin offering of the assembly.

Leviticus 4:21

(64) כָּל־זָכָר בַּכֹּהֲנִים יֹאכְלֶנּוּ בְּמָקוֹם קָדוֹשׁ יֵאָכֵל קֹדֶשׁ קָדָשִׁים הוּא:

Every male among the priests may eat it.
In a holy place it will be eaten. It is very holy (holy of holies).

Leviticus 7:6

---

(65) וּמֵאֵת עֲדַת בְּנֵי יִשְׂרָאֵל יִקַּח שְׁנֵי־שְׂעִירֵי עִזִּים לְחַטָּאת

וְאַיִל אֶחָד לְעֹלָה:

And from the congregation of the children (sons) of Israel
he will take two male goats for a sin offering
and one ram for a (whole) burnt offering.

Leviticus 16:5

---

(66) וְרָחַץ אֶת־בְּשָׂרוֹ בַמַּיִם בְּמָקוֹם קָדוֹשׁ וְלָבַשׁ אֶת־בְּגָדָיו וְיָצָא

וְעָשָׂה אֶת־עֹלָתוֹ וְאֶת־עֹלַת הָעָם וְכִפֶּר בַּעֲדוֹ וּבְעַד הָעָם:

And he will wash his skin with water in a holy place and he will put
on his clothes and he will go out and he will make his (whole)
burnt offering and the (whole) burnt offering of the people
and he will atone for himself and for the people.

Leviticus 16:24

(67) וְלֹא־תִשָּׁבְעוּ בִשְׁמִי לַשָּׁקֶר וְחִלַּלְתָּ אֶת־שֵׁם אֱלֹהֶיךָ אֲנִי יְהוָה׃

And you must not swear by my name for the lie (falsely)
and [so] profane the name of your God. I am Yahweh.

Leviticus 19:12

---

(68) וְאַחֲרֵי־כֵן בָּאוּ הַלְוִיִּם לַעֲבֹד אֶת־עֲבֹדָתָם בְּאֹהֶל מוֹעֵד לִפְנֵי אַהֲרֹן
וְלִפְנֵי בָנָיו כַּאֲשֶׁר צִוָּה יְהוָה אֶת־מֹשֶׁה

And afterwards, the Levites went in to do (work) their work in the tent of meeting in the presence of Aaron and in the presence of his sons, just as Yahweh had commanded Moses.

Numbers 8:22a

---

(69) עַל־פִּי יְהוָה יַחֲנוּ וְעַל־פִּי יְהוָה יִסָּעוּ אֶת־מִשְׁמֶרֶת
יְהוָה שָׁמָרוּ עַל־פִּי יְהוָה בְּיַד־מֹשֶׁה׃

According to the command (mouth) of Yahweh they would encamp and according to the command of Yahweh they would set out. The charge (watch) of Yahweh they kept according to the command of Yahweh by the hand of Moses.

Numbers 9:23

(70) וַיִּשְׁמַע מֹשֶׁה אֶת־הָעָם בֹּכֶה לְמִשְׁפְּחֹתָיו אִישׁ לְפֶתַח אָהֳלוֹ

וַיִּחַר־אַף יְהוָה מְאֹד וּבְעֵינֵי מֹשֶׁה רָע:

And Moses heard the people weeping among their families, each
(man) at the opening of his tent. And the anger (nose) of Yahweh
burned greatly, and in the eyes of Moses it was evil.

Numbers 11:10

---

(71) וְאָמְרוּ אֶל־יוֹשֵׁב הָאָרֶץ הַזֹּאת שָׁמְעוּ כִּי־אַתָּה יְהוָה בְּקֶרֶב הָעָם

הַזֶּה אֲשֶׁר־עַיִן בְּעַיִן נִרְאָה אַתָּה יְהוָה וַעֲנָנְךָ עֹמֵד עֲלֵהֶם וּבְעַמֻּד

עָנָן אַתָּה הֹלֵךְ לִפְנֵיהֶם יוֹמָם וּבְעַמּוּד אֵשׁ לָיְלָה:

And they will tell (it) to the inhabitant(s) of this land. They have
heard that you Yahweh are in the midst of this people, that you
Yahweh are seen eye to eye, and your cloud stands over them,
and in a pillar of cloud you are going before them by
day and in a pillar of fire by night.

Numbers 14:14

---

(72) הַמְעַט כִּי הֶעֱלִיתָנוּ מֵאֶרֶץ זָבַת (to flow) חָלָב (milk) וּדְבַשׁ

לַהֲמִיתֵנוּ בַּמִּדְבָּר

Is it a little thing that you have brought us up from a land flowing
with milk and honey to kill us in the wilderness?

Numbers 16:13a

(73) וַיֵּרְדוּ הֵם וְכָל־אֲשֶׁר לָהֶם חַיִּים שְׁאֹלָה וַתְּכַס עֲלֵיהֶם

הָאָרֶץ וַיֹּאבְדוּ מִתּוֹךְ הַקָּהָל:

And they and all who belonged to them went down alive to
the underworld (Sheol) and the earth covered over them
and they perished from the midst of the assembly.

Numbers 16:33

---

(74) וַיְדַבֵּר מֹשֶׁה אֶל־בְּנֵי יִשְׂרָאֵל וַיִּתְּנוּ אֵלָיו כָּל־נְשִׂיאֵיהֶם מַטֶּה לְנָשִׂיא

אֶחָד מַטֶּה לְנָשִׂיא אֶחָד לְבֵית אֲבֹתָם שְׁנֵים עָשָׂר מַטּוֹת

And Moses spoke to the children (sons) of Israel, and all of
their leaders gave to him a staff, for one leader a staff,
for one leader (one staff for each leader), according
to the house of their fathers, twelve staffs.

Numbers 17:21[6]a

---

(75) וַיֹּאמֶר יְהוָה אֶל־אַהֲרֹן בְּאַרְצָם לֹא תִנְחָל וְחֵלֶק לֹא־יִהְיֶה לְךָ

בְּתוֹכָם אֲנִי חֶלְקְךָ וְנַחֲלָתְךָ בְּתוֹךְ בְּנֵי יִשְׂרָאֵל:

And Yahweh said to Aaron, "In their land you will not receive an
inheritance and a portion there will not be for you in their midst.
I am your portion and your inheritance in the midst
of the children (sons) of Israel.

Numbers 18:20

(76) וַיֹּאמֶר אֲלֵיהֶם לִינוּ פֹה הַלַּיְלָה וַהֲשִׁבֹתִי אֶתְכֶם דָּבָר כַּאֲשֶׁר יְדַבֵּר

יְהוָה אֵלָי וַיֵּשְׁבוּ שָׂרֵי־מוֹאָב עִם־בִּלְעָם:

And he said to them, "Spend the night here tonight and I will bring
back to you a word (answer you), just as Yahweh speaks to me.
And the princes of Moab stayed with Balaam.

Numbers 22:8

---

(77) וּמִגְרְשֵׁי הֶעָרִים אֲשֶׁר תִּתְּנוּ לַלְוִיִּם מִקִּיר הָעִיר וָחוּצָה

אֶלֶף אַמָּה סָבִיב:

And the pasturelands of the cities which you will give to the Levites
[shall extend] from the wall of the city and out for
one thousand cubits all around.

Numbers 35:4

---

(78) רַק הִשָּׁמֶר לְךָ וּשְׁמֹר נַפְשְׁךָ מְאֹד פֶּן־תִּשְׁכַּח אֶת־הַדְּבָרִים

אֲשֶׁר־רָאוּ עֵינֶיךָ וּפֶן־יָסוּרוּ מִלְּבָבְךָ כֹּל יְמֵי חַיֶּיךָ

Only be careful (for yourself) and keep your soul diligently, lest you
forget the things that your eyes have seen and lest they depart from
your heart all the days of your life.

Deuteronomy 4:9a

(79) וְאֹתִי צִוָּה יְהוָה בָּעֵת הַהִוא לְלַמֵּד אֶתְכֶם חֻקִּים וּמִשְׁפָּטִים

לַעֲשֹׂתְכֶם אֹתָם בָּאָרֶץ אֲשֶׁר אַתֶּם עֹבְרִים שָׁמָּה לְרִשְׁתָּהּ׃

And Yahweh commanded me at that time to teach you statutes and judgments in order for you to do them in the land that you are crossing over there to possess (it).

Deuternonomy 4:14

---

(80) וְכָל־הָעֲרָבָה עֵבֶר הַיַּרְדֵּן מִזְרָחָה וְעַד יָם הָעֲרָבָה

(And) all of the desert plain (Arabah) beyond the Jordan to the east and unto the sea of the desert plain (Arabah)

Deuternonomy 4:49a

---

(81) וְאָהַבְתָּ אֵת יְהוָה אֱלֹהֶיךָ וְשָׁמַרְתָּ מִשְׁמַרְתּוֹ וְחֻקֹּתָיו

וּמִשְׁפָּטָיו וּמִצְוֹתָיו כָּל־הַיָּמִים׃

And you shall love Yahweh your God and you will keep his watch (charge) and his statutes and his judgments and his commandments all of the days (always).

Deuteronomy 11:1

(82) יִפְתַּח יְהוָה לְךָ אֶת־אוֹצָרוֹ הַטּוֹב אֶת־הַשָּׁמַיִם לָתֵת מְטַר (rain)

־אַרְצְךָ בְּעִתּוֹ וּלְבָרֵךְ אֵת כָּל־מַעֲשֵׂה יָדֶךָ

May Yahweh open for you his good storehouse, the heavens, to give the rain of your land in its time and to bless all the work of your hand.

Deuteronomy 28:12a

---

(83) אִם־יִהְיֶה נִדַּחֲךָ בִּקְצֵה הַשָּׁמָיִם מִשָּׁם יְקַבֶּצְךָ

יְהוָה אֱלֹהֶיךָ וּמִשָּׁם יִקָּחֶךָ׃

If your banished one(s) (outcasts) are at the end of the heavens, from there Yahweh your God will gather you and from there he will take you [back].

Deuteronomy 30:4a

---

(84) רִדְפוּ מַהֵר אַחֲרֵיהֶם כִּי תַשִּׂיגוּם׃

Pursue after them quickly for you will overtake them.

Joshua 2:5b

(85) וַיֹּאמֶר אֲלֵיהֶם יְהוֹשֻׁעַ אַל־תִּירְאוּ וְאַל־תֵּחָתּוּ חִזְקוּ

וְאִמְצוּ (to be courageous) כִּי כָכָה (thus) יַעֲשֶׂה יְהוָה

לְכָל־אֹיְבֵיכֶם אֲשֶׁר אַתֶּם נִלְחָמִים אוֹתָם:

And Joshua said to them, "Do not fear and do not be dismayed. Be
strong and be courageous for thus Yahweh will do to all of your
enemies whom you are fighting (them).

Joshua 10:25

---

(86) חִלְקוּ שְׁלַל־אֹיְבֵיכֶם עִם־אֲחֵיכֶם:

Divide the plunder of your enemies with your brothers.

Joshua 22:8b

---

(87) וְאַךְ אִם־טְמֵאָה אֶרֶץ אֲחֻזַּתְכֶם עִבְרוּ לָכֶם אֶל־אֶרֶץ אֲחֻזַּת יְהוָה

אֲשֶׁר שָׁכַן־שָׁם מִשְׁכַּן יְהוָה וְהֵאָחֲזוּ בְּתוֹכֵנוּ

But surely, if the land of your possession is unclean, then cross over
for yourselves to the land of the possession of Yahweh,
where the tabernacle of Yahweh dwells (there),
and settle down in our midst.

Joshua 22:19a

(88) וַיַּזְעֵק סִיסְרָא אֶת־כָּל־רִכְבּוֹ תְּשַׁע מֵאוֹת רֶכֶב בַּרְזֶל

וְאֶת־כָּל־הָעָם אֲשֶׁר אִתּוֹ

And Sisera called out (summoned) all of his chariots,
nine hundred chariots of iron and all of the
people who were with him.

Judges 4:13a

---

(89) וַיְהִי מִקֵּץ שְׁנַיִם חֳדָשִׁים וַתָּשָׁב אֶל־אָבִיהָ וַיַּעַשׂ לָהּ אֶת־נִדְרוֹ

אֲשֶׁר נָדָר (to vow) וְהִיא לֹא־יָדְעָה אִישׁ וַתְּהִי־חֹק בְּיִשְׂרָאֵל:

(And it was) at the end of two months (and) she returned to her father
and he did to her his vow that he vowed, and she did not know (had
not known) a man and it became a statute (custom) in Israel.

Judges 11:39

(90) וַיִּשְׁכַּב שִׁמְשׁוֹן עַד־חֲצִי הַלַּיְלָה וַיָּקָם בַּחֲצִי הַלַּיְלָה וַיֶּאֱחֹז בְּדַלְתוֹת

שַׁעַר־הָעִיר וּבִשְׁתֵּי הַמְּזוּזוֹת (doorpost) וַיִּסָּעֵם עִם־הַבְּרִיחַ (bar) וַיָּשֶׂם

עַל־כְּתֵפָיו וַיַּעֲלֵם אֶל־רֹאשׁ הָהָר אֲשֶׁר עַל־פְּנֵי חֶבְרוֹן:

And Samson layed down until the middle of the night and he arose in
the middle of the night and he seized the doors of the gate of the city
and the two doorposts. Then, with the bar, he pulled them out and
he placed (them) on his shoulders and he brought them up to
the top of the mountain (hill) which is in front of Hebron.

Judges 16:3

---

(91) וַיֵּרַע הַדָּבָר בְּעֵינֵי שְׁמוּאֵל כַּאֲשֶׁר אָמְרוּ תְּנָה־לָּנוּ מֶלֶךְ לְשָׁפְטֵנוּ

וַיִּתְפַּלֵּל שְׁמוּאֵל אֶל־יְהוָה:

And the matter was evil in the eyes of Samuel when
they said, "Give us a king to judge us."
And Samuel prayed to Yahweh.

1 Samuel 8:6

(92) וּפְלִשְׁתִּים נֶאֶסְפוּ לְהִלָּחֵם עִם־יִשְׂרָאֵל שְׁלֹשִׁים אֶלֶף רֶכֶב וְשֵׁשֶׁת

אֲלָפִים פָּרָשִׁים וְעָם כַּחוֹל (sand) אֲשֶׁר עַל־שְׂפַת־הַיָּם לָרֹב

And the Philistines were gathered to fight with Israel – three thousand
chariots and six thousand horsemen and people like the sand which is
on the shore of the sea for (a) multitude.

1 Samuel 13:5a

---

(93) וַיֹּאמֶר שְׁמוּאֵל הֲלוֹא אִם־קָטֹן אַתָּה בְּעֵינֶיךָ רֹאשׁ שִׁבְטֵי יִשְׂרָאֵל

אָתָּה וַיִּמְשָׁחֲךָ יְהוָה לְמֶלֶךְ עַל־יִשְׂרָאֵל:

And Samuel said, "Is it not so (true), though you are small in your
own eyes, you are the head of the tribes of Israel, and Yahweh
has anointed you as king over Israel."

1 Samuel 15:17

---

(94) יַעַן מָאַסְתָּ אֶת־דְּבַר יְהוָה וַיִּמְאָסְךָ מִמֶּלֶךְ:

Because you have rejected the word of Yahweh,
(so) he has rejected you from [being] king.

1 Samuel 15:23b

(95)   אֵיךְ נָפְלוּ גִבֹּרִים בְּתוֹךְ הַמִּלְחָמָה יְהוֹנָתָן עַל־בָּמוֹתֶיךָ חָלָל:

How the mighty ones have fallen in the midst of the battle,
Jonathan, upon your high places, is slain.

2 Samuel 1:25

---

(96)   וַיִּשְׁלַח יוֹאָב מַלְאָכִים אֶל־דָּוִד וַיֹּאמֶר נִלְחַמְתִּי בְרַבָּה

גַּם־לָכַדְתִּי אֶת־עִיר הַמָּיִם:

And Joab sent messengers to David and he said, "I have fought
against Rabbah, also I have captured the city of water."

2 Samuel 12:27

---

(97)   וְלֹא אָבָה לִשְׁמֹעַ בְּקוֹלָהּ וַיֶּחֱזַק מִמֶּנָּה וַיְעַנֶּהָ וַיִּשְׁכַּב אֹתָהּ:

But he was not willing to listen to her voice and he was stronger
than her and he violated her and he lay with her.

2 Samuel 13:14

---

(98)   וַיִּרְכַּב עַל־כְּרוּב וַיָּעֹף (to fly) וַיֵּרָא עַל־כַּנְפֵי־רוּחַ:

He rode upon a cherub and he flew.
He was seen on the wings of the wind.

2 Samuel 22:11

(99) וַיִּקֶן דָּוִד אֶת־הַגֹּרֶן (threshing floor) וְאֶת־הַבָּקָר

בְּכֶסֶף שְׁקָלִים חֲמִשִּׁים:

And David bought the threshing floor and
the oxen for fifty shekels of silver.

2 Samuel 24:24b

---

(100) וְהַבַּיִת אֲשֶׁר בָּנָה הַמֶּלֶךְ שְׁלֹמֹה לַיהוָה שִׁשִּׁים־אַמָּה אָרְכּוֹ

וְעֶשְׂרִים רָחְבּוֹ

And the house that King Solomon built for Yahweh was sixty cubits in
(its) length and twenty cubits in (its) width.

1 Kings 6:2a

---

(101) וַיִּשְׁלַח חִירָם לַמֶּלֶךְ מֵאָה וְעֶשְׂרִים כִּכַּר זָהָב:

And Hiram sent to the king one hundred
and twenty talent(s) of gold.

1 Kings 9:14

(102) כִּי כֹה אָמַר יְהוָה אֱלֹהֵי יִשְׂרָאֵל הִנְנִי קֹרֵעַ אֶת־הַמַּמְלָכָה מִיַּד

שְׁלֹמֹה וְנָתַתִּי לְךָ אֵת עֲשָׂרָה הַשְּׁבָטִים:

For thus says Yahweh the God of Israel, "Behold,
I am tearing the kingdom from the hand of
Solomon and I will give to you ten tribes.

1 Kings 11:31b

---

(103) וַיַּעֲזֹב אֶת־עֲצַת הַזְּקֵנִים אֲשֶׁר יְעָצֻהוּ וַיִּוָּעַץ אֶת־הַיְלָדִים

אֲשֶׁר גָּדְלוּ אִתּוֹ אֲשֶׁר הָעֹמְדִים לְפָנָיו:

But he rejected the counsel of the elders who had counseled him and
he took counsel with the young men who had grown up with him,
those who were standing before him.

1 Kings 12:8

---

(104) בְּמוֹתִי וּקְבַרְתֶּם אֹתִי בַּקֶּבֶר אֲשֶׁר אִישׁ הָאֱלֹהִים קָבוּר בּוֹ אֵצֶל

עַצְמֹתָיו הַנִּיחוּ אֶת־עַצְמֹתָי:

When I die, then bury me in the grave in which the man of
God is buried. Beside his bones set my bones.

1 Kings 13:31b

(105) וַיָּבֹא וַיִּסְגֹּר הַדֶּלֶת בְּעַד שְׁנֵיהֶם וַיִּתְפַּלֵּל אֶל־יְהוָה:

And he went in and he closed the door behind
the two of them and he prayed to Yahweh.

2 Kings 4:33

---

(106) וַיְקַטְּרוּ־שָׁם בְּכָל־בָּמוֹת כַּגּוֹיִם אֲשֶׁר־הֶגְלָה יְהוָה מִפְּנֵיהֶם וַיַּעֲשׂוּ

דְּבָרִים רָעִים לְהַכְעִיס אֶת־יְהוָה:

And they burned incense there on all of the high places like the
nations which Yahweh sent into exile before them and they
did evil things to provoke Yahweh to anger.

2 Kings 17:11

---

(107) וַיֹּאמֶר חִלְקִיָּהוּ הַכֹּהֵן הַגָּדוֹל עַל־שָׁפָן הַסֹּפֵר סֵפֶר הַתּוֹרָה

מָצָאתִי בְּבֵית יְהוָה

And Hilkiah the great (high) priest said to Shaphan the scribe,
"The book of the law I have found in the house of Yahweh."

2 Kings 22:8a

(108) וְאֵת יֶתֶר הָעָם הַנִּשְׁאָרִים בָּעִיר וְאֶת־הַנֹּפְלִים אֲשֶׁר נָפְלוּ

עַל־הַמֶּלֶךְ בָּבֶל וְאֵת יֶתֶר הֶהָמוֹן הֶגְלָה

And the rest of the people who remained in the city and the fallen
ones who had fallen (those who had deserted) to the king of Babylon
and the rest of the multitude, he sent into exile.

2 Kings 25:11a

(109) וְהָיָה בְּאַחֲרִית הַיָּמִים נָכוֹן יִהְיֶה הַר בֵּית־יְהוָה בְּרֹאשׁ הֶהָרִים

וְנִשָּׂא מִגְּבָעוֹת וְנָהֲרוּ (to stream) אֵלָיו כָּל־הַגּוֹיִם:

(And it will come to pass) in the last days, the mountain of the house
of Yahweh will be established as head (highest) of the mountains and it
will be lifted up above the hills and all of the nations will stream to it.

Isaiah 2:2

(110) וְהִנֵּה שָׂשׂוֹן (rejoicing) וְשִׂמְחָה הָרֹג בָּקָר וְשָׁחֹט צֹאן אָכֹל בָּשָׂר

וְשָׁתוֹת יָיִן אָכוֹל וְשָׁתוֹ כִּי מָחָר נָמוּת:

And behold, rejoicing and joy, killing oxen and
slaughtering sheep, eating meat and drinking wine.
Eat and drink for tomorrow we will die.

Isaiah 22:13

(111) יְהוָה רָמָה יָדְךָ בַּל־יֶחֱזָיוּן

יֶחֱזוּ וְיֵבֹשׁוּ קִנְאַת (zeal)־עָם

אַף־אֵשׁ צָרֶיךָ תֹאכְלֵם:

Yahweh, your hand is lifted up [but] they do not see [it].
Let them see and be ashamed of (your) zeal for (your) people.
Indeed, the fire for your adversaries will consume them.

Isaiah 26:11

---

(112) וּמִצְרַיִם אָדָם וְלֹא־אֵל וְסוּסֵיהֶם בָּשָׂר וְלֹא־רוּחַ וַיהוָה יַטֶּה יָדוֹ

וְכָשַׁל עוֹזֵר וְנָפַל עָזֻר וְיַחְדָּו כֻּלָּם יִכְלָיוּן:

And Egypt is a man and not a god and their horses are flesh and not
spirit. Yahweh will stretch forth his hand, and the helper (one who
helps) will stumble and the one who is helped will fall
and together all of them will come to an end.

Isaiah 31:3

---

(113) נַחֲמוּ נַחֲמוּ עַמִּי יֹאמַר אֱלֹהֵיכֶם:

Comfort, comfort my people says your God.

Isaiah 40:1

(114) שִׁירוּ לַיהוָה שִׁיר חָדָשׁ תְּהִלָּתוֹ מִקְצֵה הָאָרֶץ

Sing to Yahweh a new song, his praise from the end of the earth.

Isaiah 42:10a

(115) אָנֹכִי הִגַּדְתִּי וְהוֹשַׁעְתִּי וְהִשְׁמַעְתִּי וְאֵין בָּכֶם זָר וְאַתֶּם עֵדַי

נְאֻם־יְהוָה וַאֲנִי־אֵל:

As for me, I declared and I saved and I proclaimed.
There was no stranger among you and you are my witnesses,
declares Yahweh, and I am God.

Isaiah 43:12

(116) כֹּה אָמַר יְהוָה בְּעֵת רָצוֹן עֲנִיתִיךָ וּבְיוֹם יְשׁוּעָה עֲזַרְתִּיךָ וְאֶצָּרְךָ

Thus says Yahweh, "In a time of favor I answered
you and in a day of salvation I helped you
and I will watch over you."

Isaiah 49:8a

(117) אֵין שָׁלוֹם אָמַר אֱלֹהַי לָרְשָׁעִים:

"There is no peace," says my God, "for the wicked."

Isaiah 57:21

(118) אֵיךְ תֹּאמְרִי לֹא נִטְמֵאתִי אַחֲרֵי הַבְּעָלִים

לֹא הָלַכְתִּי רְאִי דַרְכֵּךְ בַּגַּיְא דְּעִי מֶה עָשִׂית

How can you say, "I am not unclean, I have not gone
after the Baals?" Look at your way in the valley.
Know what you have done.

Jeremiah 2:23a

---

(119) כִּסֵּא כָבוֹד מָרוֹם מֵרִאשׁוֹן מְקוֹם מִקְדָּשֵׁנוּ:

A throne of glory, on high from the beginning,
is the place of our sanctuary.

Jeremiah 17:12

---

(120) כִּי־כֹה אָמַר יְהוָה רָנּוּ לְיַעֲקֹב שִׂמְחָה וְצַהֲלוּ (rejoice) בְּרֹאשׁ הַגּוֹיִם

הַשְׁמִיעוּ הַלְלוּ וְאִמְרוּ הוֹשַׁע יְהוָה אֶת־עַמְּךָ אֵת שְׁאֵרִית יִשְׂרָאֵל:

For thus says Yahweh, "Shout for Jacob with joy and rejoice
in the head of the nations. Proclaim, praise, and say,
'Yahweh, save your people, the remnant of Israel.'"

Jeremiah 31:7

(121) הִנְנִי שֹׁקֵד (to watch) עֲלֵיהֶם לְרָעָה וְלֹא לְטוֹבָה

וְתַמּוּ כָל־אִישׁ יְהוּדָה אֲשֶׁר בְּאֶרֶץ־מִצְרַיִם

בַּחֶרֶב וּבָרָעָב עַד־כְּלוֹתָם:

Behold, I am watching over them for evil and not for good. (And)
all the men of Judah who are in the land of Egypt will be consumed
by the sword or by famine until they have come to an end.

Jeremiah 44:27

---

(122) וְיָבֹא שֹׁדֵד אֶל־כָּל־עִיר וְעִיר לֹא תִמָּלֵט וְאָבַד הָעֵמֶק

And the one who destroys will come to every city and
no city will escape and the valley will perish.

Jeremiah 48:8a

---

(123) נִגְדְּעָה (to cut off) קֶרֶן מוֹאָב וּזְרֹעוֹ נִשְׁבָּרָה נְאֻם יְהוָה:

The horn of Moab is cut off and his arm
is broken, declares Yahweh.

Jeremiah 48:25

(124) כִּי הִנֵּה אָנֹכִי מֵעִיר וּמַעֲלֶה עַל־בָּבֶל קְהַל־גּוֹיִם גְּדֹלִים

מֵאֶרֶץ צָפוֹן וְעָרְכוּ לָהּ מִשָּׁם תִּלָּכֵד

For behold, I am stirring up and bringing up against Babylon
an assembly of great nations from the land of the north,
and they will line up for battle against her.
From there she will be captured.

Jeremiah 50:9a

---

(125) וָאֶעֱבֹר עָלַיִךְ וָאֶרְאֵךְ וְהִנֵּה עִתֵּךְ עֵת דֹּדִים וָאֶפְרֹשׂ כְּנָפִי עָלַיִךְ

וָאֲכַסֶּה עֶרְוָתֵךְ וָאֶשָּׁבַע לָךְ וָאָבוֹא בִבְרִית אֹתָךְ

נְאֻם אֲדֹנָי יְהוִה וַתִּהְיִי לִי׃

And I passed by you and I saw you and, behold, [it was] your time,
a time for love, and I spread my garment over you
and I covered your nakedness and I swore to you
and I entered into a covenant with you, declares
the Lord Yahweh, and you became mine.

Ezekiel 16:8

---

(126) אֶת־הַנַּחְלוֹת לֹא חִזַּקְתֶּם וְאֶת־הַחוֹלָה לֹא־רִפֵּאתֶם

Those who were weak (the weak) you have not strengthend
and those who were sick (the sick) you have not healed.

Ezekiel 34:4a

(127) סָבַב אֶל־רוּחַ הַיָּם מָדַד חֲמֵשׁ־מֵאוֹת קָנִים בִּקְנֵה הַמִּדָּה:

He turned about to the wind of the sea (the west). He measured
five hundred reeds with the reed of measurement.

Ezekiel 42:19

---

(128) וַיֹּאמֶר יְהוָה אֶל־הוֹשֵׁעַ לֵךְ קַח־לְךָ אֵשֶׁת זְנוּנִים (fornication) וְיַלְדֵי

זְנוּנִים (fornication) כִּי־זָנֹה תִזְנֶה הָאָרֶץ מֵאַחֲרֵי יְהוָה:

And Yahweh said to Hosea, "Go, take for yourself a wife of
fornication and [have] children (sons) of fornication,
for the land is utterly fornicating against Yahweh.

Hosea 1:2b

---

(129) וְהָיָה מִסְפַּר בְּנֵי־יִשְׂרָאֵל כְּחוֹל (sand) הַיָּם אֲשֶׁר לֹא־יִמַּד

וְלֹא יִסָּפֵר וְהָיָה בִּמְקוֹם אֲשֶׁר־יֵאָמֵר לָהֶם לֹא־עַמִּי

אַתֶּם יֵאָמֵר לָהֶם בְּנֵי אֵל־חָי:

And the number of the children (sons) of Israel will be like the sand of
the sea which cannot be measured and cannot be counted. And it will
be in the place in which it was said to them, "You are not my people,"
it will be said to them, "Children of the living God."

Hosea 2:1[1:10]

(130) בֵּין הָאוּלָם וְלַמִּזְבֵּחַ יִבְכּוּ הַכֹּהֲנִים מְשָׁרְתֵי יְהוָה

Between the porch and the altar let the priests,
the ministers of Yahweh, weep.

Joel 2:17a

---

(131) וְקִבַּצְתִּי אֶת־כָּל־הַגּוֹיִם וְהוֹרַדְתִּים אֶל־עֵמֶק יְהוֹשָׁפָט וְנִשְׁפַּטְתִּי

עִמָּם שָׁם עַל־עַמִּי וְנַחֲלָתִי יִשְׂרָאֵל אֲשֶׁר פִּזְּרוּ (to scatter) בַגּוֹיִם

וְאֶת־אַרְצִי חִלֵּקוּ׃

And I will gather all of the nations and I will bring them down to the valley of Jehoshaphat and I will enter into judgment with them there on account of my people and my inheritance Israel whom they have scattered among the nations and my land they have divided.

Joel 4:2[3:2]

---

(132) מִצְרַיִם לִשְׁמָמָה תִהְיֶה וֶאֱדוֹם לְמִדְבַּר שְׁמָמָה תִּהְיֶה

מֵחֲמַס בְּנֵי יְהוּדָה אֲשֶׁר־שָׁפְכוּ דָם־נָקִיא (innocent) בְּאַרְצָם׃

Egypt will be(come) a desolation and Edom will be(come) a wilderness of desolation because of the violence of (toward) the children (sons) of Judah when they poured out innocent blood in their land.

Joel 4:19[3:19]

(133) וְתֹפֵשׂ הַקֶּשֶׁת לֹא יַעֲמֹד וְקַל (swift) בְּרַגְלָיו לֹא יְמַלֵּט

וְרֹכֵב הַסּוּס לֹא יְמַלֵּט נַפְשׁוֹ:

The one who takes hold of the bow will not stand and the one
who is swift on his feet will not escape and the one who
rides the horse will not escape with his life.

Amos 2:15

---

(134) לֵךְ בְּרַח־לְךָ אֶל־אֶרֶץ יְהוּדָה וֶאֱכָל־שָׁם לֶחֶם וְשָׁם תִּנָּבֵא:

Go, flee for yourself to the land of Judah and
eat bread there and prophecy there.

Amos 7:12b

---

(135) וְעַתָּה שִׂימוּ־נָא לְבַבְכֶם מִן־הַיּוֹם הַזֶּה וָמָעְלָה מִטֶּרֶם

שׂוּם־אֶבֶן אֶל־אֶבֶן בְּהֵיכַל יְהוָה:

And now, put it to your heart (carefully consider) from this
day and onwards, before stone was placed to
stone in the temple of Yahweh.

Haggai 2:15

(136) הוֹי הוֹי וְנֻסוּ מֵאֶרֶץ צָפוֹן נְאֻם־יְהוָה כִּי כְּאַרְבַּע רוּחוֹת הַשָּׁמַיִם

פֵּרַשְׂתִּי אֶתְכֶם נְאֻם־יְהוָה׃

"Woe! Woe! Flee from the land of the north," declares Yahweh, "For
like the four winds of the heavens I have spread
(scattered) you out," declares Yahweh.

Zechariah 2:10[6]

---

(137) בֵּן יְכַבֵּד אָב וְעֶבֶד אֲדֹנָיו וְאִם־אָב אָנִי אַיֵּה כְבוֹדִי

וְאִם־אֲדוֹנִים אָנִי אַיֵּה מוֹרָאִי (fear) אָמַר יְהוָה צְבָאוֹת

"A son honors a (his) father and a servant his master. If I am
a father, where is my honor? And if I am a master,
where is my fear?" says Yahweh of Hosts.

Malachi 1:6a

---

(138) לַיהוָה הַיְשׁוּעָה עַל־עַמְּךָ בִרְכָתֶךָ סֶּלָה׃

Salvation belongs to Yahweh. Upon your
people is your blessing. Selah.

Psalm 3:9[8]

(139) אוֹדֶה יְהוָה כְּצִדְקוֹ וַאֲזַמְּרָה (to sing praise) שֵׁם־יְהוָה עֶלְיוֹן:

I will give thanks to Yahweh according to his righteousness
and I will sing praise to the name of Yahweh Most High.

Psalm 7:18[17]

(140) אַל־תִּרְחַק מִמֶּנִּי כִּי־צָרָה קְרוֹבָה כִּי־אֵין עוֹזֵר:

Do not be far from me for trouble (distress) is near,
for there is no one helping (to help).

Psalm 22:12[11]

(141) שָׂנֵאתִי הַשֹּׁמְרִים הַבְלֵי־שָׁוְא וַאֲנִי אֶל־יְהוָה בָּטָחְתִּי:

I hate those who keep (give regard to) vanities of worthlessness
(worthless idols), but as for me, I trust in Yahweh.

Psalm 31:7[6]

(142) עֲצַת יְהוָה לְעוֹלָם תַּעֲמֹד מַחְשְׁבוֹת לִבּוֹ לְדֹר וָדֹר:

The counsel of Yahweh stands forever, the plans (thoughts)
of his heart from generation to generation.

Psalm 33:11

(143) וַיִּתֵּן בְּפִי שִׁיר חָדָשׁ תְּהִלָּה לֵאלֹהֵינוּ יִרְאוּ רַבִּים

וְיִירָאוּ וְיִבְטְחוּ בַּיהוָה׃

(And) he put in my mouth a new song, a song of praise to our God.
Many will see and fear and trust in Yahweh.

Psalm 40:4[3]

---

(144) לֹא עַל־זְבָחֶיךָ אוֹכִיחֶךָ וְעוֹלֹתֶיךָ לְנֶגְדִּי תָמִיד׃

Not on account of your sacrifices will I rebuke (punish) you.
Your burnt offerings are before me continually.

Psalm 50:8

---

(145) הַרְבֵּה [הֶרֶב] כַּבְּסֵנִי מֵעֲוֺנִי וּמֵחַטָּאתִי טַהֲרֵנִי׃

Thoroughly wash me from my iniquity
and from my sin make me clean.

Psalm 51:4[2]

---

(146) יוֹמָם וָלַיְלָה יְסוֹבְבֻהָ עַל־חוֹמֹתֶיהָ וְאָוֶן וְעָמָל בְּקִרְבָּהּ׃

Day and night they go around it, on its walls,
and iniquity and trouble are in its midst.

Psalm 55:11[10]

(147) הַצִּילֵנִי מִפֹּעֲלֵי אָוֶן וּמֵאַנְשֵׁי דָמִים הוֹשִׁיעֵנִי:

Deliver me from those who do iniquity
and from men of bloodshed save me.

Psalm 59:3[2]

(148) לַמְנַצֵּחַ לְדָוִד מִזְמוֹר שִׁיר:

For the conductor, by David, a psalm, a song.

Psalm 68:1[superscript]

(149) הֱיֵה לִי לְצוּר מָעוֹן (refuge) לָבוֹא תָּמִיד צִוִּיתָ לְהוֹשִׁיעֵנִי

כִּי־סַלְעִי וּמְצוּדָתִי (fortress) אָתָּה:

Be to me a rock of refuge to come continually (to).
You have given the command to save me
for you are my rock and my fortress.

Psalm 71:3

(150) וֵאלֹהִים מַלְכִּי מִקֶּדֶם פֹּעֵל יְשׁוּעוֹת בְּקֶרֶב הָאָרֶץ:

And God is my king from ancient times, the one
who does salvation in the midst of the earth.

Psalm 74:12

(151) קוּמָה אֱלֹהִים רִיבָה רִיבֶךָ זְכֹר חֶרְפָּתְךָ

מִנִּי־נָבָל (fool) כָּל־הַיּוֹם:

Arise, God! Dispute your dispute (plead your cause)!
Remember your reproach from a fool all of the day.

Psalm 74:22

---

(152) וַיְדַבְּרוּ בֵּאלֹהִים אָמְרוּ הֲיוּכַל אֵל לַעֲרֹךְ שֻׁלְחָן בַּמִּדְבָּר:

And they spoke against God. They said, "Is God able
to lay out (prepare) a table in the wilderness?"

Psalm 78:19

---

(153) אֱלֹהִים צְבָאוֹת שׁוּב־נָא הַבֵּט מִשָּׁמַיִם וּרְאֵה וּפְקֹד גֶּפֶן זֹאת:

God of Hosts (armies), return please! Look from
heaven and see and attend to this vine.

Psalm 80:15[14]

---

(154) עַד־מָה יְהוָה תִּסָּתֵר לָנֶצַח (forever) תִּבְעַר כְּמוֹ־אֵשׁ חֲמָתֶךָ:

How long, Yahweh? Will you be hidden forever?
Will your wrath burn like fire?

Psalm 89:47[46]

(155) הֲנֹטַע אֹזֶן הֲלֹא יִשְׁמָע אִם־יֹצֵר עַיִן הֲלֹא יַבִּיט:

Does the one who planted the ear not hear?
Or does the one who formed the eye not see?

Psalm 94:9

---

(156) אַרְבָּעִים שָׁנָה אָקוּט (I was disgusted) בְּדוֹר וָאֹמַר עַם תֹּעֵי לֵבָב הֵם וְהֵם לֹא־יָדְעוּ דְרָכָי:

[For] forty years I was disgusted with [that] generation
and I said, "They are a people with an erring heart
and they do not know my ways."

Psalm 95:10

---

(157) יְהוָה בַּשָּׁמַיִם הֵכִין כִּסְאוֹ וּמַלְכוּתוֹ בַּכֹּל מָשָׁלָה:

Yahweh has established his throne in the heavens
and his kingdom rules over all.

Psalm 103:19

---

(158) דִּרְשׁוּ יְהוָה וְעֻזּוֹ בַּקְּשׁוּ פָנָיו תָּמִיד:

Seek Yahweh and his strength.
Seek his face (presence) continually.

Psalm 105:4

(159) וַיִּזְרְעוּ שָׂדוֹת וַיִּטְּעוּ כְרָמִים וַיַּעֲשׂוּ פְּרִי תְבוּאָה (harvest):

And they sowed fields and they planted vineyards and
they produced fruit of a harvest (a fruitful harvest).

Psalm 107:37

(160) דָּבְקָה לֶעָפָר נַפְשִׁי חַיֵּנִי כִּדְבָרֶךָ:

My soul clings to the dust.
Revive me according to your word.

Psalm 119:25

(161) וַאֲדַבְּרָה בְעֵדֹתֶיךָ נֶגֶד מְלָכִים וְלֹא אֵבוֹשׁ:

And I will speak of your testimonies before kings
and I will not be ashamed.

Psalm 119:46

(162) חָנֵּנוּ יְהוָה חָנֵּנוּ כִּי־רַב שָׂבַעְנוּ בוּז (contempt):

Be gracious to us, Yahweh, be gracious to us,
for we are greatly filled with contempt.

Psalm 123:3

(163) כְּחִצִּים בְּיַד־גִּבּוֹר כֵּן בְּנֵי הַנְּעוּרִים:

Like arrows in the hand of a mighty man,
so are the sons of [one's] youth.

Psalm 127:4

---

(164) לֹא בִגְבוּרַת הַסּוּס יֶחְפָּץ

Not in the strength of the horse does he delight.

Psalm 147:10a

---

(165) וְיוֹכַח לְגֶבֶר עִם־אֱלוֹהַּ וּבֶן־אָדָם לְרֵעֵהוּ:

And he will mediate (arbitrate) for a man with God,
even a son of man for his friend.

Job 16:21

---

(166) מִי זֶה מַעְלִים (to be dark) עֵצָה בְּלִי דָעַת

לָכֵן הִגַּדְתִּי וְלֹא אָבִין נִפְלָאוֹת מִמֶּנִּי וְלֹא אֵדָע:

Who is this who darkens counsel without knowledge. Surely,
I have spoken and I do not understand, things too
wonderful for me and I do not know.

Job 42:3

(167) אֱמֹר לַחָכְמָה אֲחֹתִי אָתְּ

Say to wisdom, "You are my sister."

Proverbs 7:4a

---

(168) יֵשׁ דֶּרֶךְ יָשָׁר לִפְנֵי־אִישׁ וְאַחֲרִיתָהּ דַּרְכֵי־מָוֶת:

There is an upright way before (a) man,
but its end are the ways of death.

Proverbs 14:12

---

(169) זֶבַח רְשָׁעִים תּוֹעֲבַת יְהוָה וּתְפִלַּת יְשָׁרִים רְצוֹנוֹ:

The sacrifice of the wicked is an abomination to Yahweh,
but the prayer of the upright is his pleasure (delight).

Proverbs 15:8

---

(170) מוּסָר רָע לְעֹזֵב אֹרַח שׂוֹנֵא תוֹכַחַת (reproof) יָמוּת:

Evil (severe) discipline is for the one who forsakes the way;
the one who hates reproof will die.

Proverbs 15:10

(171) רָחוֹק יְהוָה מֵרְשָׁעִים וּתְפִלַּת צַדִּיקִים יִשְׁמָע:

Yahweh is far from the wicked,
but the prayer of the righteous he hears.

Proverbs 15:29

---

(172) לֵב חָכָם יַשְׂכִּיל פִּיהוּ וְעַל־שְׂפָתָיו יֹסִיף לֶקַח (instruction):

The heart of a wise man gives insight to his mouth,
and to his lips it adds instruction.

Proverbs 16:23

---

(173) מָוֶת וְחַיִּים בְּיַד־לָשׁוֹן וְאֹהֲבֶיהָ יֹאכַל פִּרְיָהּ:

Death and life are in the hand (power) of the tongue
and those who love it will eat its fruit.

Proverbs 18:21

---

(174) שֶׁמֶן וּקְטֹרֶת יְשַׂמַּח־לֵב

Oil and incense make a heart rejoice.

Proverbs 27:9a

(175) מְכַסֶּה פְּשָׁעָיו לֹא יַצְלִיחַ

The one who covers his transgressions will not prosper.

Proverbs 28:13a

---

(176) כַּפָּהּ פָּרְשָׂה לֶעָנִי וְיָדֶיהָ שִׁלְּחָה לָאֶבְיוֹן׃

Her hand she opens to the needy and
her hands she extends to the poor.

Proverbs 31:20

---

(177) וַיֹּאמֶר בֹּעַז אֶל־רוּת הֲלוֹא שָׁמַעַתְּ בִּתִּי אַל־תֵּלְכִי לִלְקֹט (to glean)

בְּשָׂדֶה אַחֵר וְגַם לֹא תַעֲבוּרִי מִזֶּה וְכֹה תִדְבָּקִין עִם־נַעֲרֹתָי׃

And Boaz said to Ruth, "Have you not heard, my daughter? Do not go to glean in another field and also you shall not pass through (leave) from this one and thus you will stay close with my maidservants.

Ruth 2:8

(178) וַתִּפֹּל עַל־פָּנֶיהָ וַתִּשְׁתַּחוּ אָרְצָה וַתֹּאמֶר אֵלָיו מַדּוּעַ מָצָאתִי חֵן

בְּעֵינֶיךָ לְהַכִּירֵנִי וְאָנֹכִי נָכְרִיָּה (foreigner):

And she fell on her face and she bowed down to the ground and she said to him, "Why have I found favor in your eyes [that you] acknowledge me even though I am a foreigner."

Ruth 2:10

---

(179) וַיֹּאמֶר מִי־אָתְּ וַתֹּאמֶר אָנֹכִי רוּת אֲמָתֶךָ

וּפָרַשְׂתָּ כְנָפֶךָ עַל־אֲמָתְךָ כִּי גֹאֵל אָתָּה:

And he said, "Who are you?" And she said, "I am Ruth, your maidservant. Spread the edge [of your garment] over your maidservant for you are a (kinsman) redeemer."

Ruth 3:9

---

(180) כָּל־הַנְּחָלִים הֹלְכִים אֶל־הַיָּם וְהַיָּם אֵינֶנּוּ מָלֵא אֶל־מְקוֹם

שֶׁהַנְּחָלִים הֹלְכִים שָׁם הֵם שָׁבִים לָלָכֶת:

All of the streams go (flow) to the sea but the sea is not full; to a place that the streams go, there they return to go [again].

Ecclesiastes 1:7

(181) וְשַׁבְתִּי אֲנִי וָאֶרְאֶה הֶבֶל תַּחַת הַשָּׁמֶשׁ׃

And I returned and I saw vanity (meaninglessness) under the sun.

Ecclesiastes 4:7

---

(182) כִּי בָּא הַחֲלוֹם בְּרֹב עִנְיָן (business) וְקוֹל כְּסִיל בְּרֹב דְּבָרִים׃

For the dream comes with much business, and the voice of a fool [comes] with many words.

Ecclesiastes 5:2[3]

---

(183) וְטוֹב לֹא־יִהְיֶה לָרָשָׁע וְלֹא־יַאֲרִיךְ (to prolong) יָמִים

כַּצֵּל אֲשֶׁר אֵינֶנּוּ יָרֵא מִלִּפְנֵי אֱלֹהִים׃

But it will not be good for the wicked and he will not prolong days like the shadow, because he is not fearful before God.

Ecclesiastes 8:13

(184) דָּרַךְ קַשְׁתּוֹ כְּאוֹיֵב נִצָּב יְמִינוֹ כְּצָר וַיַּהֲרֹג כֹּל מַחֲמַדֵּי (pleasing) ־עָיִן

בְּאֹהֶל בַּת־צִיּוֹן שָׁפַךְ כָּאֵשׁ חֲמָתוֹ׃

He drew back his bow like an enemy, his right hand is positioned like an adversary. He killed everything pleasing to the eye. In the tent of the daughter of Zion he poured out his wrath like fire.

Lamentations 2:4

---

(185) בִּלָּה (to wear out) בְשָׂרִי וְעוֹרִי שִׁבַּר עַצְמוֹתָי׃

He has worn out my flesh and my skin.
He has broken my bones.

Lamentations 3:4

---

(186) וַיֶּאֱהַב הַמֶּלֶךְ אֶת־אֶסְתֵּר מִכָּל־הַנָּשִׁים וַתִּשָּׂא־חֵן וָחֶסֶד לְפָנָיו

מִכָּל־הַבְּתוּלֹת וַיָּשֶׂם כֶּתֶר (crown) ־מַלְכוּת בְּרֹאשָׁהּ

וַיַּמְלִיכֶהָ תַּחַת וַשְׁתִּי׃

And the king loved Esther more than all of the women and she carried (found) favor and kindness before him more than all of the virgins. And he placed a royal crown upon her head and he made her queen instead of Vashti.

Esther 2:17

(187) וְנִשְׁלוֹחַ סְפָרִים בְּיַד הָרָצִים אֶל־כָּל־מְדִינוֹת הַמֶּלֶךְ לְהַשְׁמִיד לַהֲרֹג

וּלְאַבֵּד אֶת־כָּל־הַיְּהוּדִים מִנַּעַר וְעַד־זָקֵן טַף (children) וְנָשִׁים בְּיוֹם

אֶחָד בִּשְׁלוֹשָׁה עָשָׂר לְחֹדֶשׁ שְׁנֵים־עָשָׂר

And documents were sent by the hand of runners to all of the
provinces of the king to exterminate, to kill, and to destroy all
of the Jews, from young men to old men, children and women,
in one day, on the thirteenth [day] of the twelfth month.

Esther 3:13a

---

(188) וַיְהִי בַּיּוֹם הַשְּׁלִישִׁי וַתִּלְבַּשׁ אֶסְתֵּר מַלְכוּת

וַתַּעֲמֹד בַּחֲצַר בֵּית־הַמֶּלֶךְ

(And it was) on the third day (and) Esther put
on royal [garments] and she stood in the
court(yard) of the house of the king.

Esther 5:1a

---

(189) וְאַתָּה לֵךְ לַקֵּץ וְתָנוּחַ וְתַעֲמֹד לְגֹרָלְךָ לְקֵץ הַיָּמִין:

But as for you [Daniel], go (persevere) to the end
and you will rest and you will stand in your
portion (allotment) at the end of the days.

Daniel 12:13

(190) וְהֵם עֲבָדֶיךָ וְעַמֶּךָ אֲשֶׁר פָּדִיתָ בְּכֹחֲךָ הַגָּדוֹל וּבְיָדְךָ הַחֲזָקָה:

And they are your servants and your people whom you redeemed
by your great power and by your strong hand.

Nehemiah 1:10

---

(191) וַיִּקְרָא בְּסֵפֶר תּוֹרַת הָאֱלֹהִים יוֹם בְּיוֹם מִן־הַיּוֹם הָרִאשׁוֹן

עַד הַיּוֹם הָאַחֲרוֹן

And he read from the book of the law of God day by day,
from the first day until the last day.

Nehemiah 8:18a

---

(192) אָז יְרַנְּנוּ עֲצֵי הַיָּעַר מִלִּפְנֵי יְהוָה כִּי־בָא לִשְׁפּוֹט אֶת־הָאָרֶץ:

Then the trees of the forest will shout for joy in the presence
of Yahweh, for he is coming to judge the earth.

1 Chronicles 16:33a

(193) וַיְהִי כַּאֲשֶׁר יָשַׁב דָּוִיד בְּבֵיתוֹ וַיֹּאמֶר דָּוִיד אֶל־נָתָן הַנָּבִיא הִנֵּה

אָנֹכִי יוֹשֵׁב בְּבֵית הָאֲרָזִים וַאֲרוֹן בְּרִית־יְהוָה תַּחַת יְרִיעוֹת:

(And it was) when David dwelt in his house, David said to Nathan the
prophet, "Behold, I am dwelling in the house of cedars, but the ark
of the covenant of Yahweh is under tent curtains."

1 Chronicles 17:1

---

(194) כִּי־גֵרִים אֲנַחְנוּ לְפָנֶיךָ וְתוֹשָׁבִים כְּכָל־אֲבֹתֵינוּ כַּצֵּל יָמֵינוּ עַל־הָאָרֶץ

For we are strangers before you, even sojourners, like all of our
fathers. Like the shadow are our days upon the earth.

1 Chronicles 29:15

---

(195) כִּי־בָכֶם בָּחַר יְהוָה לַעֲמֹד לְפָנָיו לְשָׁרְתוֹ

וְלִהְיוֹת לוֹ מְשָׁרְתִים וּמַקְטִרִים:

For Yahweh chose you to stand before him (in his presence),
to minister to him, and to be his ministers and
those offering (burning) sacrifices.

2 Chronicles 29:11b

List 2

Hebrew Texts
without
Translations

(1)   בְּרֵאשִׁית בָּרָא (created) אֱלֹהִים אֵת הַשָּׁמַיִם וְאֵת הָאָרֶץ:

Genesis 1:1

(2)   וַיִּקְרָא אֱלֹהִים לָאוֹר יוֹם וְלַחֹשֶׁךְ קָרָא לָיְלָה

וַיְהִי־עֶרֶב וַיְהִי־בֹקֶר יוֹם אֶחָד:

Genesis 1:5

(3)   וַיְבָרֶךְ אֹתָם אֱלֹהִים וַיֹּאמֶר לָהֶם אֱלֹהִים פְּרוּ (be fruitful)

וּרְבוּ וּמִלְאוּ אֶת־הָאָרֶץ

Genesis 1:28a

(4)   וַיַּרְא אֱלֹהִים אֶת־כָּל־אֲשֶׁר עָשָׂה וְהִנֵּה־טוֹב מְאֹד

Genesis 1:31a

(5)   וַיְכַל אֱלֹהִים בַּיּוֹם הַשְּׁבִיעִי מְלַאכְתּוֹ אֲשֶׁר עָשָׂה

וַיִּשְׁבֹּת בַּיּוֹם הַשְּׁבִיעִי

Genesis 2:2a

(6)   וּמֵעֵץ הַדַּעַת טוֹב וָרָע לֹא תֹאכַל מִמֶּנּוּ

כִּי בְּיוֹם אֲכָלְךָ מִמֶּנּוּ מוֹת תָּמוּת:

Genesis 2:17

(7) וַיִּצֶר (he formed) יְהוָה אֱלֹהִים מִן־הָאֲדָמָה כָּל־חַיַּת הַשָּׂדֶה וְאֵת כָּל־עוֹף הַשָּׁמַיִם וַיָּבֵא אֶל־הָאָדָם לִרְאוֹת מַה־יִּקְרָא־לוֹ וְכֹל אֲשֶׁר יִקְרָא־לוֹ הָאָדָם נֶפֶשׁ חַיָּה הוּא שְׁמוֹ:

Genesis 2:19

(8) וַיֹּאמֶר הָאָדָם זֹאת הַפַּעַם עֶצֶם מֵעֲצָמַי וּבָשָׂר מִבְּשָׂרִי לְזֹאת יִקָּרֵא אִשָּׁה כִּי מֵאִישׁ לֻקֳחָה־זֹּאת:

Genesis 2:23

(9) עַל־כֵּן יַעֲזָב־אִישׁ אֶת־אָבִיו וְאֶת־אִמּוֹ וְדָבַק בְּאִשְׁתּוֹ וְהָיוּ לְבָשָׂר אֶחָד:

Genesis 2:24

(10) וַיֹּאמֶר מֶה עָשִׂיתָ קוֹל דְּמֵי אָחִיךָ צֹעֲקִים אֵלַי מִן־הָאֲדָמָה:

Genesis 4:10

(11) וְנֹחַ מָצָא חֵן בְּעֵינֵי יְהוָה:

Genesis 6:8

(12) וַתִּשָּׁחֵת הָאָרֶץ לִפְנֵי הָאֱלֹהִים וַתִּמָּלֵא הָאָרֶץ חָמָס:

Genesis 6:11

(13) וּבַחֹדֶשׁ הַשֵּׁנִי בְּשִׁבְעָה וְעֶשְׂרִים יוֹם לַחֹדֶשׁ יָבְשָׁה הָאָרֶץ׃

Genesis 8:14

(14) וַיִּבֶן נֹחַ מִזְבֵּחַ לַיהוָה וַיִּקַּח מִכֹּל הַבְּהֵמָה הַטְּהוֹרָה
וּמִכֹּל הָעוֹף הַטָּהֹר וַיַּעַל עֹלֹת בַּמִּזְבֵּחַ׃

Genesis 8:20

(15) וַאֲנִי הִנְנִי מֵקִים אֶת־בְּרִיתִי אִתְּכֶם וְאֶת־זַרְעֲכֶם אַחֲרֵיכֶם׃

Genesis 9:9

(16) אֶת־קַשְׁתִּי נָתַתִּי בֶּעָנָן וְהָיְתָה לְאוֹת בְּרִית בֵּינִי וּבֵין הָאָרֶץ׃

Genesis 9:13

(17) וַיָּפֶץ יְהוָה אֹתָם מִשָּׁם עַל־פְּנֵי כָל־הָאָרֶץ וַיַּחְדְּלוּ לִבְנֹת הָעִיר׃

Genesis 11:8

(18) וַאֲבָרְכָה מְבָרְכֶיךָ וּמְקַלֶּלְךָ אָאֹר וְנִבְרְכוּ בְךָ כֹּל מִשְׁפְּחֹת הָאֲדָמָה׃

Genesis 12:3

(19) וַיְהִי רָעָב בָּאָרֶץ וַיֵּרֶד אַבְרָם מִצְרַיְמָה לָגוּר שָׁם
כִּי־כָבֵד הָרָעָב בָּאָרֶץ׃

Genesis 12:10

(20) וּלְאַבְרָם הֵיטִיב בַּעֲבוּרָהּ (on account of) וַיְהִי־לוֹ צֹאן־וּבָקָר וַחֲמֹרִים
וַעֲבָדִים וּשְׁפָחֹת וַאֲתֹנֹת (female donkeys) וּגְמַלִּים:

Genesis 12:16

(21) וַיְנַגַּע יְהוָה אֶת־פַּרְעֹה נְגָעִים גְּדֹלִים וְאֶת־בֵּיתוֹ
עַל־דְּבַר שָׂרַי אֵשֶׁת אַבְרָם:

Genesis 12:17

(22) לָמָה אָמַרְתָּ אֲחֹתִי הִוא וָאֶקַּח אֹתָהּ לִי לְאִשָּׁה
וְעַתָּה הִנֵּה אִשְׁתְּךָ קַח וָלֵךְ:

Genesis 12:19

(23) אַל־תִּירָא אַבְרָם אָנֹכִי מָגֵן לָךְ שְׂכָרְךָ (reward) הַרְבֵּה מְאֹד:

Genesis 15:1b

(24) וְהֶאֱמִן בַּיהוָה וַיַּחְשְׁבֶהָ לּוֹ צְדָקָה:

Genesis 15:6

(25) וְדוֹר רְבִיעִי יָשׁוּבוּ הֵנָּה כִּי לֹא־שָׁלֵם עֲוֹן הָאֱמֹרִי עַד־הֵנָּה:

Genesis 15:16

(26) בַּיּוֹם הַהוּא כָּרַת יְהוָה אֶת־אַבְרָם בְּרִית לֵאמֹר לְזַרְעֲךָ נָתַתִּי
אֶת־הָאָרֶץ הַזֹּאת מִנְּהַר מִצְרַיִם עַד־הַנָּהָר הַגָּדֹל

Genesis 15:18a

(27) וַיְהִי אַבְרָם בֶּן־תִּשְׁעִים שָׁנָה וְתֵשַׁע שָׁנִים וַיֵּרָא יְהוָה אֶל־אַבְרָם
וַיֹּאמֶר אֵלָיו אֲנִי־אֵל שַׁדַּי (El Shaddai) הִתְהַלֵּךְ לְפָנַי וֶהְיֵה תָמִים:

Genesis 17:1

(28) וַיִּשָּׂא עֵינָיו וַיַּרְא וְהִנֵּה שְׁלֹשָׁה אֲנָשִׁים נִצָּבִים עָלָיו וַיַּרְא וַיָּרָץ
לִקְרָאתָם מִפֶּתַח הָאֹהֶל וַיִּשְׁתַּחוּ אָרְצָה:

Genesis 18:2

(29) וְעַתָּה אִם־יֶשְׁכֶם עֹשִׂים חֶסֶד וֶאֱמֶת אֶת־אֲדֹנִי הַגִּידוּ לִי
וְאִם־לֹא הַגִּידוּ לִי וְאֶפְנֶה עַל־יָמִין אוֹ עַל־שְׂמֹאל:

Genesis 24:49

(30) וַיִּמְלְאוּ יָמֶיהָ לָלֶדֶת וְהִנֵּה תוֹמִם (twins) בְּבִטְנָהּ:

Genesis 25:24

(31) וַיֹּאמֶר הֵן עוֹד הַיּוֹם גָּדוֹל לֹא־עֵת הֵאָסֵף הַמִּקְנֶה
הַשְׁקוּ הַצֹּאן וּלְכוּ רְעוּ:

Genesis 29:7

(32) וַיְהִי־לִי שׁוֹר וַחֲמוֹר צֹאן וְעֶבֶד וְשִׁפְחָה

וָאֶשְׁלְחָה לְהַגִּיד לַאדֹנִי לִמְצֹא־חֵן בְּעֵינֶיךָ:

Genesis 32:6[5]

(33) וְאֵלֶּה שְׁמוֹת אַלּוּפֵי עֵשָׂו לְמִשְׁפְּחֹתָם לִמְקֹמֹתָם בִּשְׁמֹתָם

אַלּוּף תִּמְנָע אַלּוּף עַלְוָה אַלּוּף יְתֵת:

Genesis 36:40

(34) וַיֹּאמֶר יוֹסֵף אֶל־אֶחָיו גְּשׁוּ־נָא אֵלַי וַיִּגָּשׁוּ וַיֹּאמֶר אֲנִי יוֹסֵף אֲחִיכֶם

אֲשֶׁר־מְכַרְתֶּם אֹתִי מִצְרָיְמָה:

Genesis 45:4

(35) וַיָּקָם מֶלֶךְ־חָדָשׁ עַל־מִצְרָיִם אֲשֶׁר לֹא־יָדַע אֶת־יוֹסֵף:

Exodus 1:8

(36) וַיֹּאמֶר כִּי־אֶהְיֶה עִמָּךְ וְזֶה־לְּךָ הָאוֹת כִּי אָנֹכִי שְׁלַחְתִּיךָ בְּהוֹצִיאֲךָ

אֶת־הָעָם מִמִּצְרַיִם תַּעַבְדוּן אֶת־הָאֱלֹהִים עַל הָהָר הַזֶּה:

Exodus 3:12

(37) הִנֵּה אָנֹכִי מַכֶּה בַּמַּטֶּה אֲשֶׁר־בְּיָדִי עַל־הַמַּיִם

אֲשֶׁר בַּיְאֹר וְנֶהֶפְכוּ לְדָם:

Exodus 7:17b

(38) וַיֹּאמֶר יְהוָה אֶל־מֹשֶׁה בֹּא אֶל־פַּרְעֹה כִּי־אֲנִי הִכְבַּדְתִּי אֶת־לִבּוֹ
וְאֶת־לֵב עֲבָדָיו לְמַעַן שִׁתִי אֹתֹתַי אֵלֶּה בְּקִרְבּוֹ׃

Exodus 10:1

(39) וַיְהִי בַּחֲצִי הַלַּיְלָה וַיהוָה הִכָּה כָל־בְּכוֹר בְּאֶרֶץ מִצְרַיִם מִבְּכֹר
פַּרְעֹה הַיֹּשֵׁב עַל־כִּסְאוֹ עַד בְּכוֹר הַשְּׁבִי (captive)
אֲשֶׁר בְּבֵית הַבּוֹר וְכֹל בְּכוֹר בְּהֵמָה׃

Exodus 12:29

(40) וּבְנֵי־יִשְׂרָאֵל עָשׂוּ כִּדְבַר מֹשֶׁה וַיִּשְׁאֲלוּ מִמִּצְרַיִם כְּלֵי־כֶסֶף וּכְלֵי
זָהָב וּשְׂמָלֹת (clothes)׃

Exodus 12:35

(41) וַיֶּאְסֹר אֶת־רִכְבּוֹ וְאֶת־עַמּוֹ לָקַח עִמּוֹ׃

Exodus 14:6

(42) וַיֵּט מֹשֶׁה אֶת־יָדוֹ עַל־הַיָּם וַיּוֹלֶךְ יְהוָה אֶת־הַיָּם בְּרוּחַ קָדִים עַזָּה
(strong) כָּל־הַלַּיְלָה וַיָּשֶׂם אֶת־הַיָּם לֶחָרָבָה (dry land) וַיִּבָּקְעוּ הַמָּיִם׃

Exodus 14:21

(43) וַיִּבְחַר מֹשֶׁה אַנְשֵׁי־חַיִל מִכָּל־יִשְׂרָאֵל וַיִּתֵּן אֹתָם רָאשִׁים עַל־הָעָם
שָׂרֵי אֲלָפִים שָׂרֵי מֵאוֹת שָׂרֵי חֲמִשִּׁים וְשָׂרֵי עֲשָׂרֹת:

Exodus 18:25

(44) זָכוֹר אֶת־יוֹם הַשַּׁבָּת לְקַדְּשׁוֹ

Exodus 20:8a

(45) עַיִן תַּחַת עַיִן שֵׁן תַּחַת שֵׁן יָד תַּחַת יָד רֶגֶל תַּחַת רָגֶל:

Exodus 21:24

(46) זֹבֵחַ לָאֱלֹהִים יָחֳרָם בִּלְתִּי לַיהוָה לְבַדּוֹ:

Exodus 22:19[20]

(47) וְחָרָה אַפִּי וְהָרַגְתִּי אֶתְכֶם בֶּחָרֶב
וְהָיוּ נְשֵׁיכֶם אַלְמָנוֹת וּבְנֵיכֶם יְתֹמִים (orphans):

Exodus 22:23[24]

(48) וַיָּבֹא מֹשֶׁה וַיְסַפֵּר לָעָם אֵת כָּל־דִּבְרֵי יְהוָה וְאֵת כָּל־הַמִּשְׁפָּטִים
וַיַּעַן כָּל־הָעָם קוֹל אֶחָד וַיֹּאמְרוּ כָּל־הַדְּבָרִים
אֲשֶׁר־דִּבֶּר יְהוָה נַעֲשֶׂה:

Exodus 24:3

(49) וַיִּכְתֹּב מֹשֶׁה אֵת כָּל־דִּבְרֵי יְהוָה וַיַּשְׁכֵּם בַּבֹּקֶר
וַיִּבֶן מִזְבֵּחַ תַּחַת הָהָר

Exodus 24:4a

(50) וַיִּשְׁכֹּן כְּבוֹד־יְהוָה עַל־הַר סִינַי וַיְכַסֵּהוּ הֶעָנָן שֵׁשֶׁת יָמִים וַיִּקְרָא
אֶל־מֹשֶׁה בַּיּוֹם הַשְּׁבִיעִי מִתּוֹךְ הֶעָנָן׃

Exodus 24:16

(51) וּמַרְאֵה כְּבוֹד יְהוָה כְּאֵשׁ אֹכֶלֶת בְּרֹאשׁ הָהָר לְעֵינֵי בְּנֵי יִשְׂרָאֵל׃

Exodus 24:17

(52) וְזֹאת הַתְּרוּמָה אֲשֶׁר תִּקְחוּ מֵאִתָּם זָהָב וָכֶסֶף וּנְחֹשֶׁת׃

Exodus 25:3

(53) וְיָצַקְתָּ לּוֹ אַרְבַּע טַבְּעֹת זָהָב וְנָתַתָּה עַל אַרְבַּע פַּעֲמֹתָיו

Exodus 25:12a

(54) וְעָשִׂיתָ לּוֹ אַרְבַּע טַבְּעֹת זָהָב וְנָתַתָּ אֶת־הַטַּבָּעֹת
עַל אַרְבַּע הַפֵּאֹת אֲשֶׁר לְאַרְבַּע רַגְלָיו׃

Exodus 25:26

(55) וְאֵת הַכֶּבֶשׂ הַשֵּׁנִי תַּעֲשֶׂה בֵּין הָעַרְבָּיִם כְּמִנְחַת הַבֹּקֶר וּכְנִסְכָּהּ תַּעֲשֶׂה־לָּהּ לְרֵיחַ נִיחֹחַ (soothing) אִשֶּׁה לַיהוָה:

Exodus 29:41

(56) וַיַּעֲמֹד מֹשֶׁה בְּשַׁעַר הַמַּחֲנֶה וַיֹּאמֶר מִי לַיהוָה אֵלָי וַיֵּאָסְפוּ אֵלָיו כָּל־בְּנֵי לֵוִי:

Exodus 32:26

(57) וְעַתָּה אִם־נָא מָצָאתִי חֵן בְּעֵינֶיךָ הוֹדִעֵנִי נָא אֶת־דְּרָכֶךָ וְאֵדָעֲךָ לְמַעַן אֶמְצָא־חֵן בְּעֵינֶיךָ וּרְאֵה כִּי עַמְּךָ הַגּוֹי הַזֶּה:

Exodus 33:13

(58) אֶת־חַג הַמַּצּוֹת תִּשְׁמֹר שִׁבְעַת יָמִים תֹּאכַל מַצּוֹת אֲשֶׁר צִוִּיתִךָ לְמוֹעֵד חֹדֶשׁ הָאָבִיב

Exodus 34:18a

(59) וַיָּקֶם מֹשֶׁה אֶת־הַמִּשְׁכָּן וַיִּתֵּן אֶת־אֲדָנָיו וַיָּשֶׂם אֶת־קְרָשָׁיו וַיִּתֵּן אֶת־בְּרִיחָיו (its bars) וַיָּקֶם אֶת־עַמּוּדָיו:

Exodus 40:18

(60) וְנֶפֶשׁ כִּי־תַקְרִיב קָרְבַּן מִנְחָה לַיהוָה סֹלֶת יִהְיֶה קָרְבָּנוֹ

Leviticus 2:1a

(61) וְהִקְרִיב מִזֶּבַח הַשְּׁלָמִים אִשֶּׁה לַיהוָה אֶת־הַחֵלֶב הַמְכַסֶּה
אֶת־הַקֶּרֶב וְאֵת כָּל־הַחֵלֶב אֲשֶׁר עַל־הַקֶּרֶב:

Leviticus 3:3

(62) וְנוֹדְעָה הַחַטָּאת אֲשֶׁר חָטְאוּ עָלֶיהָ וְהִקְרִיבוּ הַקָּהָל פַּר בֶּן־בָּקָר
לְחַטָּאת וְהֵבִיאוּ אֹתוֹ לִפְנֵי אֹהֶל מוֹעֵד:

Leviticus 4:14

(63) וְהוֹצִיא אֶת־הַפָּר אֶל־מִחוּץ לַמַּחֲנֶה וְשָׂרַף אֹתוֹ כַּאֲשֶׁר שָׂרַף
אֵת הַפָּר הָרִאשׁוֹן חַטַּאת הַקָּהָל הוּא:

Leviticus 4:21

(64) כָּל־זָכָר בַּכֹּהֲנִים יֹאכְלֶנּוּ בְּמָקוֹם קָדוֹשׁ יֵאָכֵל קֹדֶשׁ קָדָשִׁים הוּא:

Leviticus 7:6

(65) וּמֵאֵת עֲדַת בְּנֵי יִשְׂרָאֵל יִקַּח שְׁנֵי־שְׂעִירֵי עִזִּים לְחַטָּאת
וְאַיִל אֶחָד לְעֹלָה:

Leviticus 16:5

(66) וְרָחַץ אֶת־בְּשָׂרוֹ בַמַּיִם בְּמָקוֹם קָדוֹשׁ וְלָבַשׁ אֶת־בְּגָדָיו וְיָצָא
וְעָשָׂה אֶת־עֹלָתוֹ וְאֶת־עֹלַת הָעָם וְכִפֶּר בַּעֲדוֹ וּבְעַד הָעָם:

Leviticus 16:24

(67) וְלֹא־תִשָּׁבְעוּ בִשְׁמִי לַשָּׁקֶר וְחִלַּלְתָּ אֶת־שֵׁם אֱלֹהֶיךָ אֲנִי יְהוָה:

Leviticus 19:12

(68) וְאַחֲרֵי־כֵן בָּאוּ הַלְוִיִּם לַעֲבֹד אֶת־עֲבֹדָתָם בְּאֹהֶל מוֹעֵד לִפְנֵי אַהֲרֹן וְלִפְנֵי בָנָיו כַּאֲשֶׁר צִוָּה יְהוָה אֶת־מֹשֶׁה

Numbers 8:22a

(69) עַל־פִּי יְהוָה יַחֲנוּ וְעַל־פִּי יְהוָה יִסָּעוּ אֶת־מִשְׁמֶרֶת יְהוָה שָׁמָרוּ עַל־פִּי יְהוָה בְּיַד־מֹשֶׁה:

Numbers 9:23

(70) וַיִּשְׁמַע מֹשֶׁה אֶת־הָעָם בֹּכֶה לְמִשְׁפְּחֹתָיו אִישׁ לְפֶתַח אָהֳלוֹ וַיִּחַר־אַף יְהוָה מְאֹד וּבְעֵינֵי מֹשֶׁה רָע:

Numbers 11:10

(71) וְאָמְרוּ אֶל־יוֹשֵׁב הָאָרֶץ הַזֹּאת שָׁמְעוּ כִּי־אַתָּה יְהוָה בְּקֶרֶב הָעָם הַזֶּה אֲשֶׁר־עַיִן בְּעַיִן נִרְאָה אַתָּה יְהוָה וַעֲנָנְךָ עֹמֵד עֲלֵהֶם וּבְעַמֻּד עָנָן אַתָּה הֹלֵךְ לִפְנֵיהֶם יוֹמָם וּבְעַמּוּד אֵשׁ לָיְלָה:

Numbers 14:14

(72)　הַמְעַט כִּי הֶעֱלִיתָנוּ מֵאֶרֶץ זָבַת (to flow) חָלָב (milk) וּדְבַשׁ
　　　לַהֲמִיתֵנוּ בַּמִּדְבָּר

Numbers 16:13a

(73)　וַיֵּרְדוּ הֵם וְכָל־אֲשֶׁר לָהֶם חַיִּים שְׁאֹלָה וַתְּכַס עֲלֵיהֶם
　　　הָאָרֶץ וַיֹּאבְדוּ מִתּוֹךְ הַקָּהָל:

Numbers 16:33

(74)　וַיְדַבֵּר מֹשֶׁה אֶל־בְּנֵי יִשְׂרָאֵל וַיִּתְּנוּ אֵלָיו כָּל־נְשִׂיאֵיהֶם מַטֶּה לְנָשִׂיא
　　　אֶחָד מַטֶּה לְנָשִׂיא אֶחָד לְבֵית אֲבֹתָם שְׁנֵים עָשָׂר מַטּוֹת

Numbers 17:21[6]a

(75)　וַיֹּאמֶר יְהוָה אֶל־אַהֲרֹן בְּאַרְצָם לֹא תִנְחָל וְחֵלֶק לֹא־יִהְיֶה לְךָ
　　　בְּתוֹכָם אֲנִי חֶלְקְךָ וְנַחֲלָתְךָ בְּתוֹךְ בְּנֵי יִשְׂרָאֵל:

Numbers 18:20

(76)　וַיֹּאמֶר אֲלֵיהֶם לִינוּ פֹה הַלַּיְלָה וַהֲשִׁבֹתִי אֶתְכֶם דָּבָר כַּאֲשֶׁר יְדַבֵּר
　　　יְהוָה אֵלָי וַיֵּשְׁבוּ שָׂרֵי־מוֹאָב עִם־בִּלְעָם:

Numbers 22:8

(77) וּמִגְרְשֵׁי הֶעָרִים אֲשֶׁר תִּתְּנוּ לַלְוִיִּם מִקִּיר הָעִיר וָחוּצָה
אֶלֶף אַמָּה סָבִיב׃

Numbers 35:4

(78) רַק הִשָּׁמֶר לְךָ וּשְׁמֹר נַפְשְׁךָ מְאֹד פֶּן־תִּשְׁכַּח אֶת־הַדְּבָרִים
אֲשֶׁר־רָאוּ עֵינֶיךָ וּפֶן־יָסוּרוּ מִלְּבָבְךָ כֹּל יְמֵי חַיֶּיךָ

Deuteronomy 4:9a

(79) וְאֹתִי צִוָּה יְהוָה בָּעֵת הַהִוא לְלַמֵּד אֶתְכֶם חֻקִּים וּמִשְׁפָּטִים
לַעֲשֹׂתְכֶם אֹתָם בָּאָרֶץ אֲשֶׁר אַתֶּם עֹבְרִים שָׁמָּה לְרִשְׁתָּהּ׃

Deuternonomy 4:14

(80) וְכָל־הָעֲרָבָה עֵבֶר הַיַּרְדֵּן מִזְרָחָה וְעַד יָם הָעֲרָבָה

Deuternonomy 4:49a

(81) וְאָהַבְתָּ אֵת יְהוָה אֱלֹהֶיךָ וְשָׁמַרְתָּ מִשְׁמַרְתּוֹ וְחֻקֹּתָיו
וּמִשְׁפָּטָיו וּמִצְוֹתָיו כָּל־הַיָּמִים׃

Deuteronomy 11:1

(82) יִפְתַּח יְהוָה לְךָ אֶת־אוֹצָרוֹ הַטּוֹב אֶת־הַשָּׁמַיִם לָתֵת מְטַר (rain)
־אַרְצְךָ בְּעִתּוֹ וּלְבָרֵךְ אֵת כָּל־מַעֲשֵׂה יָדֶךָ

Deuteronomy 28:12a

(83) אִם־יִהְיֶה נִדַּחֲךָ בִּקְצֵה הַשָּׁמָיִם מִשָּׁם יְקַבֶּצְךָ
יְהוָה אֱלֹהֶיךָ וּמִשָּׁם יִקָּחֶךָ׃

Deuteronomy 30:4a

(84) רִדְפוּ מַהֵר אַחֲרֵיהֶם כִּי תַשִּׂיגוּם׃

Joshua 2:5b

(85) וַיֹּאמֶר אֲלֵיהֶם יְהוֹשֻׁעַ אַל־תִּירְאוּ וְאַל־תֵּחָתּוּ חִזְקוּ
וְאִמְצוּ (to be courageous) כִּי כָכָה (thus) יַעֲשֶׂה יְהוָה
לְכָל־אֹיְבֵיכֶם אֲשֶׁר אַתֶּם נִלְחָמִים אוֹתָם׃

Joshua 10:25

(86) חִלְקוּ שְׁלַל־אֹיְבֵיכֶם עִם־אֲחֵיכֶם׃

Joshua 22:8b

(87) וְאַךְ אִם־טְמֵאָה אֶרֶץ אֲחֻזַּתְכֶם עִבְרוּ לָכֶם אֶל־אֶרֶץ אֲחֻזַּת יְהוָה
אֲשֶׁר שָׁכַן־שָׁם מִשְׁכַּן יְהוָה וְהֵאָחֲזוּ בְּתוֹכֵנוּ

Joshua 22:19a

(88) וַיַּזְעֵק סִיסְרָא אֶת־כָּל־רִכְבּוֹ תְּשַׁע מֵאוֹת רֶכֶב בַּרְזֶל
וְאֶת־כָּל־הָעָם אֲשֶׁר אִתּוֹ

Judges 4:13a

(89) וַיְהִי מִקֵּץ שְׁנַיִם חֳדָשִׁים וַתָּשָׁב אֶל־אָבִיהָ וַיַּעַשׂ לָהּ אֶת־נִדְרוֹ

אֲשֶׁר נָדָר (to vow) וְהִיא לֹא־יָדְעָה אִישׁ וַתְּהִי־חֹק בְּיִשְׂרָאֵל:

Judges 11:39

(90) וַיִּשְׁכַּב שִׁמְשׁוֹן עַד־חֲצִי הַלַּיְלָה וַיָּקָם בַּחֲצִי הַלַּיְלָה וַיֶּאֱחֹז בְּדַלְתוֹת

שַׁעַר־הָעִיר וּבִשְׁתֵּי הַמְּזוּזוֹת (doorpost) וַיִּסָּעֵם עִם־הַבְּרִיחַ (bar) וַיָּשֶׂם

עַל־כְּתֵפָיו וַיַּעֲלֵם אֶל־רֹאשׁ הָהָר אֲשֶׁר עַל־פְּנֵי חֶבְרוֹן:

Judges 16:3

(91) וַיֵּרַע הַדָּבָר בְּעֵינֵי שְׁמוּאֵל כַּאֲשֶׁר אָמְרוּ תְּנָה־לָּנוּ מֶלֶךְ לְשָׁפְטֵנוּ

וַיִּתְפַּלֵּל שְׁמוּאֵל אֶל־יְהוָה:

1 Samuel 8:6

(92) וּפְלִשְׁתִּים נֶאֶסְפוּ לְהִלָּחֵם עִם־יִשְׂרָאֵל שְׁלֹשִׁים אֶלֶף רֶכֶב וְשֵׁשֶׁת

אֲלָפִים פָּרָשִׁים וְעָם כַּחוֹל (sand) אֲשֶׁר עַל־שְׂפַת־הַיָּם לָרֹב

1 Samuel 13:5a

(93) וַיֹּאמֶר שְׁמוּאֵל הֲלוֹא אִם־קָטֹן אַתָּה בְּעֵינֶיךָ רֹאשׁ שִׁבְטֵי יִשְׂרָאֵל

אָתָּה וַיִּמְשָׁחֲךָ יְהוָה לְמֶלֶךְ עַל־יִשְׂרָאֵל:

1 Samuel 15:17

(94) יַעַן מָאַסְתָּ אֶת־דְּבַר יְהוָה וַיִּמְאָסְךָ מִמֶּלֶךְ׃

1 Samuel 15:23b

(95) אֵיךְ נָפְלוּ גִבֹּרִים בְּתוֹךְ הַמִּלְחָמָה יְהוֹנָתָן עַל־בָּמוֹתֶיךָ חָלָל׃

2 Samuel 1:25

(96) וַיִּשְׁלַח יוֹאָב מַלְאָכִים אֶל־דָּוִד וַיֹּאמֶר נִלְחַמְתִּי בְרַבָּה
גַּם־לָכַדְתִּי אֶת־עִיר הַמָּיִם׃

2 Samuel 12:27

(97) וְלֹא אָבָה לִשְׁמֹעַ בְּקוֹלָהּ וַיֶּחֱזַק מִמֶּנָּה וַיְעַנֶּהָ וַיִּשְׁכַּב אֹתָהּ׃

2 Samuel 13:14

(98) וַיִּרְכַּב עַל־כְּרוּב וַיָּעֹף (to fly) וַיֵּרָא עַל־כַּנְפֵי־רוּחַ׃

2 Samuel 22:11

(99) וַיִּקֶן דָּוִד אֶת־הַגֹּרֶן (threshing floor) וְאֶת־הַבָּקָר
בְּכֶסֶף שְׁקָלִים חֲמִשִּׁים׃

2 Samuel 24:24b

(100) וְהַבַּיִת אֲשֶׁר בָּנָה הַמֶּלֶךְ שְׁלֹמֹה לַיהוָה שִׁשִּׁים־אַמָּה אָרְכּוֹ וְעֶשְׂרִים רָחְבּוֹ

1 Kings 6:2a

(101) וַיִּשְׁלַח חִירָם לַמֶּלֶךְ מֵאָה וְעֶשְׂרִים כִּכַּר זָהָב:

1 Kings 9:14

(102) כִּי כֹה אָמַר יְהוָה אֱלֹהֵי יִשְׂרָאֵל הִנְנִי קֹרֵעַ אֶת־הַמַּמְלָכָה מִיַּד שְׁלֹמֹה וְנָתַתִּי לְךָ אֵת עֲשָׂרָה הַשְּׁבָטִים:

1 Kings 11:31

(103) וַיַּעֲזֹב אֶת־עֲצַת הַזְּקֵנִים אֲשֶׁר יְעָצֻהוּ וַיִּוָּעַץ אֶת־הַיְלָדִים אֲשֶׁר גָּדְלוּ אִתּוֹ אֲשֶׁר הָעֹמְדִים לְפָנָיו:

1 Kings 12:8

(104) בְּמוֹתִי וּקְבַרְתֶּם אֹתִי בַּקֶּבֶר אֲשֶׁר אִישׁ הָאֱלֹהִים קָבוּר בּוֹ אֵצֶל עַצְמֹתָיו הַנִּיחוּ אֶת־עַצְמֹתָי:

1 Kings 13:31b

(105) וַיָּבֹא וַיִּסְגֹּר הַדֶּלֶת בְּעַד שְׁנֵיהֶם וַיִּתְפַּלֵּל אֶל־יְהוָה:

2 Kings 4:33

(106) וַיְקַטְּרוּ־שָׁם בְּכָל־בָּמוֹת כַּגּוֹיִם אֲשֶׁר־הֶגְלָה יְהוָה מִפְּנֵיהֶם וַיַּעֲשׂוּ דְּבָרִים רָעִים לְהַכְעִיס אֶת־יְהוָה׃

2 Kings 17:11

(107) וַיֹּאמֶר חִלְקִיָּהוּ הַכֹּהֵן הַגָּדוֹל עַל־שָׁפָן הַסֹּפֵר סֵפֶר הַתּוֹרָה מָצָאתִי בְּבֵית יְהוָה

2 Kings 22:8a

(108) וְאֵת יֶתֶר הָעָם הַנִּשְׁאָרִים בָּעִיר וְאֶת־הַנֹּפְלִים אֲשֶׁר נָפְלוּ עַל־הַמֶּלֶךְ בָּבֶל וְאֵת יֶתֶר הֶהָמוֹן הֶגְלָה

2 Kings 25:11a

(109) וְהָיָה בְּאַחֲרִית הַיָּמִים נָכוֹן יִהְיֶה הַר בֵּית־יְהוָה בְּרֹאשׁ הֶהָרִים וְנִשָּׂא מִגְּבָעוֹת וְנָהֲרוּ (to stream) אֵלָיו כָּל־הַגּוֹיִם׃

Isaiah 2:2

(110) וְהִנֵּה שָׂשׂוֹן (rejoicing) וְשִׂמְחָה הָרֹג בָּקָר וְשָׁחֹט צֹאן אָכֹל בָּשָׂר וְשָׁתוֹת יָיִן אָכוֹל וְשָׁתוֹ כִּי מָחָר נָמוּת׃

Isaiah 22:13

(111) יְהוָה רָמָה יָדְךָ בַּל־יֶחֱזָיוּן

יֶחֱזוּ וְיֵבֹשׁוּ קִנְאַת (jealously)־עָם

אַף־אֵשׁ צָרֶיךָ תֹאכְלֵם:

Isaiah 26:11

(112) וּמִצְרַיִם אָדָם וְלֹא־אֵל וְסוּסֵיהֶם בָּשָׂר וְלֹא־רוּחַ וַיהוָה יַטֶּה יָדוֹ

וְכָשַׁל עוֹזֵר וְנָפַל עָזֻר וְיַחְדָּו כֻּלָּם יִכְלָיוּן:

Isaiah 31:3

(113) נַחֲמוּ נַחֲמוּ עַמִּי יֹאמַר אֱלֹהֵיכֶם:

Isaiah 40:1

(114) שִׁירוּ לַיהוָה שִׁיר חָדָשׁ תְּהִלָּתוֹ מִקְצֵה הָאָרֶץ

Isaiah 42:10a

(115) אָנֹכִי הִגַּדְתִּי וְהוֹשַׁעְתִּי וְהִשְׁמַעְתִּי וְאֵין בָּכֶם זָר וְאַתֶּם עֵדַי

נְאֻם־יְהוָה וַאֲנִי־אֵל:

Isaiah 43:12

(116) כֹּה אָמַר יְהוָה בְּעֵת רָצוֹן עֲנִיתִיךָ וּבְיוֹם יְשׁוּעָה עֲזַרְתִּיךָ וְאֶצָּרְךָ

Isaiah 49:8a

(117) אֵין שָׁלוֹם אָמַר אֱלֹהַי לָרְשָׁעִים:

Isaiah 57:21

(118) אֵיךְ תֹּאמְרִי לֹא נִטְמֵאתִי אַחֲרֵי הַבְּעָלִים

לֹא הָלַכְתִּי רְאִי דַרְכֵּךְ בַּגַּיְא דְּעִי מֶה עָשִׂית

Jeremiah 2:23a

(119) כִּסֵּא כָבוֹד מָרוֹם מֵרִאשׁוֹן מְקוֹם מִקְדָּשֵׁנוּ:

Jeremiah 17:12

(120) כִּי־כֹה אָמַר יְהוָה רָנּוּ לְיַעֲקֹב שִׂמְחָה וְצַהֲלוּ (rejoice) בְּרֹאשׁ הַגּוֹיִם

הַשְׁמִיעוּ הַלְלוּ וְאִמְרוּ הוֹשַׁע יְהוָה אֶת־עַמְּךָ אֵת שְׁאֵרִית יִשְׂרָאֵל:

Jeremiah 31:7

(121) הִנְנִי שֹׁקֵד (to watch) עֲלֵיהֶם לְרָעָה וְלֹא לְטוֹבָה

וְתַמּוּ כָל־אִישׁ יְהוּדָה אֲשֶׁר בְּאֶרֶץ־מִצְרַיִם

בַּחֶרֶב וּבָרָעָב עַד־כְּלוֹתָם:

Jeremiah 44:27

(122) וְיָבֹא שֹׁדֵד אֶל־כָּל־עִיר וְעִיר לֹא תִמָּלֵט וְאָבַד הָעֵמֶק

Jeremiah 48:8a

(123) נִגְדְּעָה קֶרֶן (to cut off) מוֹאָב וּזְרֹעוֹ נִשְׁבָּרָה נְאֻם יְהוָה׃

Jeremiah 48:25

(124) כִּי הִנֵּה אָנֹכִי מֵעִיר וּמַעֲלֶה עַל־בָּבֶל קְהַל־גּוֹיִם גְּדֹלִים
מֵאֶרֶץ צָפוֹן וְעָרְכוּ לָהּ מִשָּׁם תִּלָּכֵד

Jeremiah 50:9a

(125) וָאֶעֱבֹר עָלַיִךְ וָאֶרְאֵךְ וְהִנֵּה עִתֵּךְ עֵת דֹּדִים וָאֶפְרֹשׂ כְּנָפִי עָלַיִךְ
וָאֲכַסֶּה עֶרְוָתֵךְ וָאֶשָּׁבַע לָךְ וָאָבוֹא בִבְרִית אֹתָךְ
נְאֻם אֲדֹנָי יְהוִה וַתִּהְיִי לִי׃

Ezekiel 16:8

(126) אֶת־הַנַּחְלוֹת לֹא חִזַּקְתֶּם וְאֶת־הַחוֹלָה לֹא־רִפֵּאתֶם

Ezekiel 34:4a

(127) סָבַב אֶל־רוּחַ הַיָּם מָדַד חֲמֵשׁ־מֵאוֹת קָנִים בִּקְנֵה הַמִּדָּה׃

Ezekiel 42:19

(128) וַיֹּאמֶר יְהוָה אֶל־הוֹשֵׁעַ לֵךְ קַח־לְךָ אֵשֶׁת זְנוּנִים (fornication) וְיַלְדֵי
זְנוּנִים (fornication) כִּי־זָנֹה תִזְנֶה הָאָרֶץ מֵאַחֲרֵי יְהוָה׃

Hosea 1:2b

(129) וְהָיָה מִסְפַּר בְּנֵי־יִשְׂרָאֵל כְּחוֹל (sand) הַיָּם אֲשֶׁר לֹא־יִמַּד
וְלֹא יִסָּפֵר וְהָיָה בִּמְקוֹם אֲשֶׁר־יֵאָמֵר לָהֶם לֹא־עַמִּי
אַתֶּם יֵאָמֵר לָהֶם בְּנֵי אֵל־חָי׃

Hosea 2:1[1:10]

(130) בֵּין הָאוּלָם וְלַמִּזְבֵּחַ יִבְכּוּ הַכֹּהֲנִים מְשָׁרְתֵי יְהוָה

Joel 2:17a

(131) וְקִבַּצְתִּי אֶת־כָּל־הַגּוֹיִם וְהוֹרַדְתִּים אֶל־עֵמֶק יְהוֹשָׁפָט וְנִשְׁפַּטְתִּי
עִמָּם שָׁם עַל־עַמִּי וְנַחֲלָתִי יִשְׂרָאֵל אֲשֶׁר פִּזְּרוּ (to scatter) בַגּוֹיִם
וְאֶת־אַרְצִי חִלֵּקוּ׃

Joel 4:2[3:2]

(132) מִצְרַיִם לִשְׁמָמָה תִהְיֶה וֶאֱדוֹם לְמִדְבַּר שְׁמָמָה תִּהְיֶה
מֵחֲמַס בְּנֵי יְהוּדָה אֲשֶׁר־שָׁפְכוּ דָם־נָקִיא (innocent) בְּאַרְצָם׃

Joel 4:19[3:19]

(133) וְתֹפֵשׂ הַקֶּשֶׁת לֹא יַעֲמֹד וְקַל (swift) בְּרַגְלָיו לֹא יְמַלֵּט
וְרֹכֵב הַסּוּס לֹא יְמַלֵּט נַפְשׁוֹ׃

Amos 2:15

(134) לֵךְ בְּרַח־לְךָ אֶל־אֶרֶץ יְהוּדָה וֶאֱכָל־שָׁם לֶחֶם וְשָׁם תִּנָּבֵא:

Amos 7:12b

(135) וְעַתָּה שִׂימוּ־נָא לְבַבְכֶם מִן־הַיּוֹם הַזֶּה וָמָעְלָה מִטֶּרֶם
שׂוּם־אֶבֶן אֶל־אֶבֶן בְּהֵיכַל יְהוָה:

Haggai 2:15

(136) הוֹי הוֹי וְנֻסוּ מֵאֶרֶץ צָפוֹן נְאֻם־יְהוָה כִּי כְּאַרְבַּע רוּחוֹת הַשָּׁמַיִם
פֵּרַשְׂתִּי אֶתְכֶם נְאֻם־יְהוָה:

Zechariah 2:10[6]

(137) בֵּן יְכַבֵּד אָב וְעֶבֶד אֲדֹנָיו וְאִם־אָב אָנִי אַיֵּה כְבוֹדִי
וְאִם־אֲדוֹנִים אָנִי אַיֵּה מוֹרָאִי (fear) אָמַר יְהוָה צְבָאוֹת

Malachi 1:6a

(138) לַיהוָה הַיְשׁוּעָה עַל־עַמְּךָ בִרְכָתֶךָ סֶּלָה:

Psalm 3:9[8]

(139) אוֹדֶה יְהוָה כְּצִדְקוֹ וַאֲזַמְּרָה (to sing) שֵׁם־יְהוָה עֶלְיוֹן:

Psalm 7:18[17]

(140) אַל־תִּרְחַק מִמֶּנִּי כִּי־צָרָה קְרוֹבָה כִּי־אֵין עוֹזֵר:

Psalm 22:12[11]

(141) שָׂנֵאתִי הַשֹּׁמְרִים הַבְלֵי־שָׁוְא וַאֲנִי אֶל־יְהוָה בָּטָחְתִּי:

Psalm 31:7[6]

(142) עֲצַת יְהוָה לְעוֹלָם תַּעֲמֹד מַחְשְׁבוֹת לִבּוֹ לְדֹר וָדֹר:

Psalm 33:11

(143) וַיִּתֵּן בְּפִי שִׁיר חָדָשׁ תְּהִלָּה לֵאלֹהֵינוּ יִרְאוּ רַבִּים
וְיִירָאוּ וְיִבְטְחוּ בַּיהוָה:

Psalm 40:4[3]

(144) לֹא עַל־זְבָחֶיךָ אוֹכִיחֶךָ וְעוֹלֹתֶיךָ לְנֶגְדִּי תָמִיד:

Psalm 50:8

(145) הַרְבֵּה [הֶרֶב] כַּבְּסֵנִי מֵעֲוֹנִי וּמֵחַטָּאתִי טַהֲרֵנִי:

Psalm 51:4[2]

(146) יוֹמָם וָלַיְלָה יְסוֹבְבֻהָ עַל־חוֹמֹתֶיהָ וְאָוֶן וְעָמָל בְּקִרְבָּהּ:

Psalm 55:11[10]

(147) הַצִּילֵנִי מִפֹּעֲלֵי אָוֶן וּמֵאַנְשֵׁי דָמִים הוֹשִׁיעֵנִי:

Psalm 59:3[2]

(148) לַמְנַצֵּחַ לְדָוִד מִזְמוֹר שִׁיר:

Psalm 68:1[superscript]

(149) הֱיֵה לִי לְצוּר מָעוֹן (refuge) לָבוֹא תָּמִיד צִוִּיתָ לְהוֹשִׁיעֵנִי
כִּי־סַלְעִי וּמְצוּדָתִי (fortress) אָתָּה:

Psalm 71:3

(150) וֵאלֹהִים מַלְכִּי מִקֶּדֶם פֹּעֵל יְשׁוּעוֹת בְּקֶרֶב הָאָרֶץ:

Psalm 74:12

(151) קוּמָה אֱלֹהִים רִיבָה רִיבֶךָ זְכֹר חֶרְפָּתְךָ
מִנִּי־נָבָל (fool) כָּל־הַיּוֹם:

Psalm 74:22

(152) וַיְדַבְּרוּ בֵּאלֹהִים אָמְרוּ הֲיוּכַל אֵל לַעֲרֹךְ שֻׁלְחָן בַּמִּדְבָּר:

Psalm 78:19

(153) אֱלֹהִים צְבָאוֹת שׁוּב־נָא הַבֵּט מִשָּׁמַיִם וּרְאֵה וּפְקֹד גֶּפֶן זֹאת:

Psalm 80:15[14]

(154) עַד־מָה יְהוָה תִּסָּתֵר לָנֶצַח (forever) תִּבְעַר כְּמוֹ־אֵשׁ חֲמָתֶךָ׃

Psalm 89:47[46]

(155) הֲנֹטַע אֹזֶן הֲלֹא יִשְׁמָע אִם־יֹצֵר עַיִן הֲלֹא יַבִּיט׃

Psalm 94:9

(156) אַרְבָּעִים שָׁנָה אָקוּט (I was disgusted) בְּדוֹר וָאֹמַר עַם תֹּעֵי לֵבָב הֵם וְהֵם לֹא־יָדְעוּ דְרָכָי׃

Psalm 95:10

(157) יְהוָה בַּשָּׁמַיִם הֵכִין כִּסְאוֹ וּמַלְכוּתוֹ בַּכֹּל מָשָׁלָה׃

Psalm 103:19

(158) דִּרְשׁוּ יְהוָה וְעֻזּוֹ בַּקְּשׁוּ פָנָיו תָּמִיד׃

Psalm 105:4

(159) וַיִּזְרְעוּ שָׂדוֹת וַיִּטְּעוּ כְרָמִים וַיַּעֲשׂוּ פְּרִי תְבוּאָה (harvest) ׃

Psalm 107:37

(160) דָּבְקָה לֶעָפָר נַפְשִׁי חַיֵּנִי כִּדְבָרֶךָ׃

Psalm 119:25

(161) וַאֲדַבְּרָה בְעֵדֹתֶיךָ נֶגֶד מְלָכִים וְלֹא אֵבוֹשׁ:

Psalm 119:46

(162) חָנֵּנוּ יְהוָה חָנֵּנוּ כִּי־רַב שָׂבַעְנוּ בוּז (contempt):

Psalm 123:3

(163) כְּחִצִּים בְּיַד־גִּבּוֹר כֵּן בְּנֵי הַנְּעוּרִים:

Psalm 127:4

(164) לֹא בִגְבוּרַת הַסּוּס יֶחְפָּץ

Psalm 147:10a

(165) וְיוֹכַח לְגֶבֶר עִם־אֱלוֹהַּ וּבֶן־אָדָם לְרֵעֵהוּ:

Job 16:21

(166) מִי זֶה מַעְלִים (to be dark) עֵצָה בְּלִי דָעַת
לָכֵן הִגַּדְתִּי וְלֹא אָבִין נִפְלָאוֹת מִמֶּנִּי וְלֹא אֵדָע:

Job 42:3

(167) אֱמֹר לַחָכְמָה אֲחֹתִי אָתְּ

Proverbs 7:4a

(168) יֵשׁ דֶּרֶךְ יָשָׁר לִפְנֵי־אִישׁ וְאַחֲרִיתָהּ דַּרְכֵי־מָוֶת:

Proverbs 14:12

(169) זֶבַח רְשָׁעִים תּוֹעֲבַת יְהוָה וּתְפִלַּת יְשָׁרִים רְצוֹנוֹ:

Proverbs 15:8

(170) מוּסָר רָע לְעֹזֵב אֹרַח שׂוֹנֵא תוֹכַחַת (reproof) יָמוּת:

Proverbs 15:10

(171) רָחוֹק יְהוָה מֵרְשָׁעִים וּתְפִלַּת צַדִּיקִים יִשְׁמָע:

Proverbs 15:29

(172) לֵב חָכָם יַשְׂכִּיל פִּיהוּ וְעַל־שְׂפָתָיו יֹסִיף לֶקַח (instruction):

Proverbs 16:23

(173) מָוֶת וְחַיִּים בְּיַד־לָשׁוֹן וְאֹהֲבֶיהָ יֹאכַל פִּרְיָהּ:

Proverbs 18:21

(174) שֶׁמֶן וּקְטֹרֶת יְשַׂמַּח־לֵב

Proverbs 27:9a

(175) מְכַסֶּה פְשָׁעָיו לֹא יַצְלִיחַ

Proverbs 28:13a

(176) כַּפָּהּ פָּרְשָׂה לֶעָנִי וְיָדֶיהָ שִׁלְּחָה לָאֶבְיוֹן׃

Proverbs 31:20

(177) וַיֹּאמֶר בֹּעַז אֶל־רוּת הֲלוֹא שָׁמַעַתְּ בִּתִּי אַל־תֵּלְכִי לִלְקֹט (to glean)
בְּשָׂדֶה אַחֵר וְגַם לֹא תַעֲבוּרִי מִזֶּה וְכֹה תִדְבָּקִין עִם־נַעֲרֹתָי׃

Ruth 2:8

(178) וַתִּפֹּל עַל־פָּנֶיהָ וַתִּשְׁתַּחוּ אָרְצָה וַתֹּאמֶר אֵלָיו מַדּוּעַ מָצָאתִי חֵן
בְּעֵינֶיךָ לְהַכִּירֵנִי וְאָנֹכִי נָכְרִיָּה (foreigner)׃

Ruth 2:10

(179) וַיֹּאמֶר מִי־אָתְּ וַתֹּאמֶר אָנֹכִי רוּת אֲמָתֶךָ
וּפָרַשְׂתָּ כְנָפֶךָ עַל־אֲמָתְךָ כִּי גֹאֵל אָתָּה׃

Ruth 3:9

(180) כָּל־הַנְּחָלִים הֹלְכִים אֶל־הַיָּם וְהַיָּם אֵינֶנּוּ מָלֵא אֶל־מְקוֹם
שֶׁהַנְּחָלִים הֹלְכִים שָׁם הֵם שָׁבִים לָלָכֶת׃

Ecclesiastes 1:7

(181) וְשַׁבְתִּי אֲנִי וָאֶרְאֶה הֶבֶל תַּחַת הַשָּׁמֶשׁ׃

Ecclesiastes 4:7

(182) כִּי בָּא הַחֲלוֹם בְּרֹב עִנְיָן (business) וְקוֹל כְּסִיל בְּרֹב דְּבָרִים׃

Ecclesiastes 5:2[3]

(183) וְטוֹב לֹא־יִהְיֶה לָרָשָׁע וְלֹא־יַאֲרִיךְ (to prolong) יָמִים
כַּצֵּל אֲשֶׁר אֵינֶנּוּ יָרֵא מִלִּפְנֵי אֱלֹהִים׃

Ecclesiastes 8:13

(184) דָּרַךְ קַשְׁתּוֹ כְּאוֹיֵב נִצָּב יְמִינוֹ כְּצָר וַיַּהֲרֹג כֹּל מַחֲמַדֵּי (pleasing) ־עָיִן
בְּאֹהֶל בַּת־צִיּוֹן שָׁפַךְ כָּאֵשׁ חֲמָתוֹ׃

Lamentations 2:4

(185) בִּלָּה (to wear out) בְשָׂרִי וְעוֹרִי שִׁבַּר עַצְמוֹתָי׃

Lamentations 3:4

(186) וַיֶּאֱהַב הַמֶּלֶךְ אֶת־אֶסְתֵּר מִכָּל־הַנָּשִׁים וַתִּשָּׂא־חֵן וָחֶסֶד לְפָנָיו
מִכָּל־הַבְּתוּלֹת וַיָּשֶׂם כֶּתֶר (crown) ־מַלְכוּת בְּרֹאשָׁהּ
וַיַּמְלִיכֶהָ תַּחַת וַשְׁתִּי׃

Esther 2:17

(187) וְנִשְׁלוֹחַ סְפָרִים בְּיַד הָרָצִים אֶל־כָּל־מְדִינוֹת הַמֶּלֶךְ לְהַשְׁמִיד לַהֲרֹג

וּלְאַבֵּד אֶת־כָּל־הַיְּהוּדִים מִנַּעַר וְעַד־זָקֵן טַף (children) וְנָשִׁים בְּיוֹם

אֶחָד בִּשְׁלוֹשָׁה עָשָׂר לְחֹדֶשׁ שְׁנֵים־עָשָׂר

Esther 3:13a

(188) וַיְהִי בַּיּוֹם הַשְּׁלִישִׁי וַתִּלְבַּשׁ אֶסְתֵּר מַלְכוּת

וַתַּעֲמֹד בַּחֲצַר בֵּית־הַמֶּלֶךְ

Esther 5:1a

(189) וְאַתָּה לֵךְ לַקֵּץ וְתָנוּחַ וְתַעֲמֹד לְגֹרָלְךָ לְקֵץ הַיָּמִין:

Daniel 12:13

(190) וְהֵם עֲבָדֶיךָ וְעַמֶּךָ אֲשֶׁר פָּדִיתָ בְּכֹחֲךָ הַגָּדוֹל וּבְיָדְךָ הַחֲזָקָה:

Nehemiah 1:10

(191) וַיִּקְרָא בְּסֵפֶר תּוֹרַת הָאֱלֹהִים יוֹם בְּיוֹם מִן־הַיּוֹם הָרִאשׁוֹן

עַד הַיּוֹם הָאַחֲרוֹן

Nehemiah 8:18a

(192) אָז יְרַנְּנוּ עֲצֵי הַיָּעַר מִלִּפְנֵי יְהוָה כִּי־בָא לִשְׁפּוֹט אֶת־הָאָרֶץ:

1 Chronicles 16:33a

(193) וַיְהִי כַּאֲשֶׁר יָשַׁב דָּוִיד בְּבֵיתוֹ וַיֹּאמֶר דָּוִיד אֶל־נָתָן הַנָּבִיא הִנֵּה
אָנֹכִי יוֹשֵׁב בְּבֵית הָאֲרָזִים וַאֲרוֹן בְּרִית־יְהוָה תַּחַת יְרִיעוֹת:

1 Chronicles 17:1

(194) כִּי־גֵרִים אֲנַחְנוּ לְפָנֶיךָ וְתוֹשָׁבִים כְּכָל־אֲבֹתֵינוּ כַּצֵּל יָמֵינוּ עַל־הָאָרֶץ

1 Chronicles 29:15

(195) כִּי־בָכֶם בָּחַר יְהוָה לַעֲמֹד לְפָנָיו לְשָׁרְתוֹ
וְלִהְיוֹת לוֹ מְשָׁרְתִים וּמַקְטִרִים:

2 Chronicles 29:11b

Hebrew-English Lexicon

This lexicon contains all 642 Hebrew words (excluding proper names) that occur 50 or more times in the Hebrew Bible. Its contents are derived from *The Vocabulary Guide to Biblical Hebrew and Aramaic,* 2nd edition (Zondervan, 2019). The numbers that appear in the left-hand column of this lexicon correspond to the numbers in the frequency list of the *Vocabulary Guide* and to those numbers that idenfity each of the vocabulary cards from *Old Testament Hebrew Vocabulary Cards,* 2nd edition (Zondervan, 2019).

א

34 אָב father, ancestor; (ms cstr) אֲבִי; (mp) אָבוֹת (1,210)

237 אָבַד (Q) to perish, vanish, be(come) lost, go astray; (Pi) cause to perish, destroy; (Hi) exterminate (185)

606 אָבָה (Q) to be willing, consent, yield to, want something (54)

549 אֶבְיוֹן (adj) poor, needy (61)

171 אֶ֫בֶן (fs) stone; (fp) אֲבָנִים (276)

62 אָדוֹן lord, master; (of God 439x) אֲדֹנָי Lord (774)

91 אָדָם man, mankind, humankind (546)

202 אֲדָמָה ground, land, earth (222)

582 אֶ֫דֶן base, pedestal (57)

206 אָהַב (Q) to love (of human and divine love); (Pi ptc) lover (217)

139 אֹ֫הֶל tent (348)

147 אוֹ (conj) or (321)

552 אוּלָם porch; also spelled אֵילָם (61)

436 אָ֫וֶן iniquity, wickedness, evildoer (81)

447 אוֹצָר treasure, treasury, storehouse (79)

332 אוֹר (cs) light, daylight, sunshine (120)

448 אוֹת (cs) sign, mark, pledge; (cp) אֹתוֹת (79)

288 אָז then, since, before (141)

233 אֹ֫זֶן (fs) ear; (fd cstr) אָזְנֵי (188)

76 אָח brother; (ms cstr) אֲחִי; (mp) אַחִים (629)

45 אֶחָד one; (fs) אַחַת (976)

335 אָחוֹת sister, relative, loved one (119)

534 אָחַז (Q) to seize, grasp, take hold (of), hold fast (63)

518 אֲחֻזָּה property, possession (66)

256 אַחֵר (adj) other, another; (fs) אַחֶ֫רֶת (166)

629 אַחֲרוֹן (adj) last, behind, west (51)

72 אַחֲרֵי (prep) after, behind; also spelled אַחַר (718)

550 אַחֲרִית end, extremity, last (61)

165 אֹיֵב enemy (285)

625 אַיֵּה where? (52)

551 אֵיךְ how? (61)

247 אַ֫יִל ram, ruler; (adj) mighty (171)

60 אַ֫יִן (particle of nonexistence) is not, are not, nothing; most often spelled אֵין (790)

23 אִישׁ man, husband; (mp) אֲנָשִׁים (2,188)

263 אַךְ only, surely, nevertheless (161)

58 אָכַל (Q) to eat, consume; (Ni) be eaten, consumed; (Hi) feed (820)

188 אֵל God, god (237)

8 אֶל־ (prep) to, toward, into; (with 3ms suff) אֵלָיו (5,518)

71 אַל (neg particle) no, not (729)

68 אֵ֫לֶּה (cp dmstr pron and adj) these (744)

18 אֱלֹהִים God, gods (2,602)

578 אֱלוֹהַּ God, god (58)

557 אַלּוּף tribal chief, leader (60)

593 אַלְמָנָה widow (55)

101 אֶ֫לֶף thousand; (md) אַלְפַּ֫יִם two thousand (496)

204 אֵם (fs) mother; (with 3ms suff) אִמּוֹ (220)

42 אִם if (1,070); כִּי־אִם but, except, only

587 אָמָה female slave or servant, maidservant (56)

183 אַמָּה cubit (distance between elbow and tip of middle finger), forearm (249)

387 אָמַן (Ni) to be reliable, faithful or trustworthy; (Hi) believe (in), trust, have trust in, put trust in (97)

11 אָמַר (Q) to say; (Ni) be said, called; (Hi) declare, proclaim (5,316)

318 אֱמֶת truth, fidelity; (with 2ms suff) אֲמִתְּךָ (127)

330 אֲנַחְנוּ (1cp pers pron) we (121)

52 אֲנִי (1cs pers pron) I (874)

136 אָנֹכִי (1cs pers pron) I (359)

223 אָסַף (Q) to gather (in), take in, take away, destroy; (Ni) be gathered, taken away, assemble (200)

479 אָסַר (Q) to tie, bind, fetter, imprison (73)

170 אַף nostril, nose; (metaphorically) anger; (md) אַפַּיִם (277)

309 אַף (conj) also, indeed, even (133)

543 אֵצֶל (prep) beside, near (62)

111 אַרְבַּע four; (fs) אַרְבָּעָה; (mp) אַרְבָּעִים forty (455)

222 אֲרוֹן (cs) ark, chest, coffin (202); אֲרוֹן הַבְּרִית "the ark of the covenant"

480 אֶרֶז cedar (73)

568 אֹרַח (cs) road, path, way (59)

394 אֹרֶךְ length (95)

21 אֶרֶץ (fs) land, earth, ground (2,505)

535 אָרַר (Q) to curse (63)

131 אֵשׁ (cs) fire (376)

61 אִשָּׁה woman, wife; (fs cstr) אֵשֶׁת; (fp) נָשִׁים (781)

522 אִשֶּׁה (ms) offering by fire (65)

9 אֲשֶׁר (rel pron) who, that, which (5,503)

5 אֵת (definite direct object marker) not translated; also spelled אֶת־ with loss of accent or (with 3ms suff) אֹתוֹ (10,978)

50 אֵת (prep) with, beside; also spelled אֶת־ with loss of accent or (with 3ms suff) אִתּוֹ (890)

512 אַתְּ (2fs pers pron) you (67)

67	אַתָּה	(2ms pers pron) you (749)
166	אַתֶּם	(2mp pers pron) you (283)

בּ

4	בְּ	(prep) in, at, with, by, against (15,559)
208	בֶּ֫גֶד	clothes, garment, covering (216)
231	בְּהֵמָה	animal(s), beast(s), cattle (190)
19	בּוֹא	(Q) to go in, enter, come to, come upon; (Hi) bring (in), come (in); (Hoph) be brought (2,592)
513	בּוֹר	pit, cistern, well (67)
322	בּוֹשׁ	(Q) to be ashamed; (Hi) put to shame (125)
246	בָּחַר	(Q) to choose, test, examine (172)
339	בָּטַח	(Q) to trust, rely upon (118)
487	בֶּ֫טֶן	(fs) belly, stomach, womb (72)
248	בִּין	(Q) to understand, perceive, consider, give heed to; (Ni) be discerning, have understanding; (Hi) understand, teach; (Hith) show oneself perceptive (171)
121	בֵּין	(prep) between (409)
25	בַּ֫יִת	(ms) house, household, (metaphorically) dynasty; (1497x ms cstr) בֵּית; (mp) בָּתִּים (2,047)
352	בָּכָה	(Q) to weep (in grief or joy), weep (for) (114)
333	בְּכוֹר	firstborn, oldest offspring (120)
481	בַּל	(poetic) no, never (73); 69x in Isa, Pss, Prov
569	בְּלִי	without, nothing (59)
356	בִּלְתִּי	(negates inf cstr) not, except; also spelled לְבִלְתִּי (86x) with prep לְ (112)
369	בָּמָה	(cultic) high place, sacred hill; (fp) בָּמוֹת (106)
13	בֵּן	son; (ms cstr) בֶּן־; (mp) בָּנִים; (mp cstr) בְּנֵי (4,941)

130 בָּנָה (Q) to build (up), rebuild, build (establish) a family; (Ni) be built, have a child (by or from) (377)

371 בַּעַד (prep) behind, through (104)

264 בַּעַל owner, master, husband, (divine title) Baal (161)

558 בָּעַר (Q) to burn (up), consume; (Pi) kindle, burn (60)

630 בָּקַע (Q) to cleave, split, breach, break open; (Ni) be cleft, split (open); (Pi) split, rip open (51)

239 בָּקָר cattle, herd (183)

212 בֹּקֶר morning (213)

198 בָּקַשׁ (Pi) to seek, search for, look for, discover, demand, require; (Pu) be sought (225)

460 בַּרְזֶל iron (76)

536 בָּרַח (Q) to run away, flee, go or pass through (63)

163 בְּרִית covenant (287)

145 בָּרַךְ (Q Pass ptc) blessed, praised, adored; (Pi) bless, praise (327)

494 בְּרָכָה blessing, gift (71)

175 בָּשָׂר flesh, meat, skin (270)

82 בַּת daughter; (fp) בָּנוֹת (587)

148 בְּתוֹךְ (prep) in the midst (middle) of, inside (319); combination of (prep) בְּ and (n) תָּוֶךְ (middle, center); also מִתּוֹךְ (68x) and אֶל־תּוֹךְ (22x)

637 בְּתוּלָה virgin (50)

ג

372 גָּאַל (Q) to redeem, act as kinsman (perform the responsibilities of the next-of-kin), avenge (104)

181 גְּבוּל border, boundary, territory (251)

266 גִּבּוֹר (adj) mighty, valiant, heroic; (n) hero (160)

544 גְּבוּרָה power, strength; (fp) גְּבוּרוֹת mighty deeds (62)

488 גִּבְעָה hill (72)

519 גֶּ֫בֶר strong man, young man, hero (66)

93 גָּדוֹל (adj) great, big, large (527)

342 גָּדַל (Q) to grow up, be(come) great, strong, wealthy, important; (Pi) bring up (children), make great, extol; (Hi) make great, magnify, do great things (117)

87 גּוֹי nation, people; (mp) גּוֹיִם (567)

430 גּוּר (Q) to sojourn, dwell (stay) as a foreigner or alien (82)

457 גּוֹרָל lot, portion, allotment (77)

531 גַּיְא (cs) valley; also spelled גֵּיא (64)

235 גָּלָה (Q) to uncover, reveal, disclose; (Ni) uncover, reveal oneself, be revealed, exposed; (Pi) uncover, reveal, disclose; (Hi) take (carry away) into exile (187)

63 גַּם also, even (769)

607 גָּמָל camel; (mp) גְּמַלִּים (54)

594 גֶּ֫פֶן (cs) vine, grapevine (55)

403 גֵּר stranger, sojourner, alien (92)

ד

595 דָּבַק (Q) to cling, cleave to, stick to; (Hi) cause to cling, cleave or stick to, pursue closely (55)

37 דָּבַר (Q) to speak (rare in Q); (Pi) speak (1,136)

30 דָּבָר word, matter, thing (1,454)

608 דְּבַשׁ honey (54)

553 דּוֹד beloved, uncle (61); 39x in Song

252 דּוֹר generation; also spelled דֹּר; (mp) דּוֹרוֹת and דֹּרֹת (167)

415 דֶּ֫לֶת door (88)

135 דָּם blood; bloodshed (361)

416 דַּ֫עַת knowledge, understanding, ability (88)

537 דָּרַךְ (Q) to tread (often in the sense of pressing for wine or oil), march, draw a bow; (Hi) cause to tread, march or walk (63)

73 דֶּ֫רֶךְ (cs) way, road, journey (712)

257 דָּרַשׁ (Q) to seek, inquire (of or about), investigate, require, demand (165)

ה

2 הַ· (definite article) the (24,058)

74 הֲ (interrog particle) prefixed to the first word of a question (664)

482 הֶ֫בֶל vanity, futility, breath (73); 38x in Eccl

31 הוּא (3ms pers pron) he, it; (ms dmstr pron and adj) that (1,398)

631 הוֹי woe! oh! ha! (51)

104 הִיא (3fs pers pron) she, it; (fs dmstr pron and adj) that; also spelled הִוא in the Pentateuch (491)

15 הָיָה (Q) to be, become, happen, occur; (Ni) be done, brought about, come to pass, occur (3,576)

440 הֵיכָל temple, palace (80)

29 הָלַךְ (Q) to go, walk, (metaphorically) behave; (Pi) go, walk; (Hith) walk about, move to and fro (1,554)

282 הָלַל (Pi) to praise, sing hallelujah; (Pu) be praised, praiseworthy; (Hith) boast (146)

88 הֵם (3mp pers pron) they; (mp dmstr) those; also spelled הֵ֫מָּה (565)

426 הָמוֹן multitude, crowd, sound, roar (85)

366 הֵן behold, if (107)

570 הֵ֫נָּה here (59)

43 הִנֵּה behold, look; (with 1cs suff) הִנְנִי (1,061)

395	הָפַךְ	(Q) to turn, overturn, overthrow, destroy; (Ni) be destroyed, turned into, changed (95)
89	הַר	mountain, hill, hill country; (mp) הָרִים (558)
253	הָרַג	(Q) to kill, slay (167)

ו

| 1 | וְ | (conj) and, but, also, even, then (50,524) |

ז

79	זֹאת	(fs dmstr pron and adj) this (605)
304	זָבַח	(Q) to slaughter (for sacrifice), sacrifice; (Pi) offer sacrifice, sacrifice (134)
261	זֶבַח	sacrifice (162)
35	זֶה	(ms dmstr pron and adj) this (1,178)
127	זָהָב	gold (392)
431	זָכָר	male, man (82)
190	זָכַר	(Q) to remember; (Ni) be remembered, thought of; (Hi) remind (235)
559	זָנָה	(Q) to commit fornication, be a harlot (prostitute), be unfaithful (60)
483	זָעַק	(Q) to cry (out), call for help, summon (73)
241	זָקֵן	(adj) old; (n) elder, old man (180)
500	זָר	(adj) foreign, strange (70)
408	זְרוֹעַ	(fs) arm, forearm; (metaphorically) strength or power; (fp) זְרֹעוֹת (91)
588	זָרַע	(Q) to sow, scatter seed (56)
195	זֶרַע	seed, offspring, descendants (229)

ח

545	חַג	feast, festival, procession; also spelled חָג; (mp) חַגִּים (62)
596	חָדַל	(Q) to cease, end, stop, refrain (from) (55)
616	חָדָשׁ	(adj) new, fresh (53)
167	חֹדֶשׁ	month, new moon (283)
245	חָוָה	(Hishtaphel) to bow down, worship (173)
310	חוֹמָה	wall (133)
258	חוּץ	outside, street; (mp) חוּצוֹת; (prefixed with prep מִן) מִחוּץ from outside, outside (164)
597	חָזָה	(Q) to see, behold, perceive (55)
160	חָזַק	(Q) to be(come) strong, have courage; (Pi) make strong, strengthen; (Hi) strengthen, seize, grasp, take hold of; (Hith) strengthen oneself, show oneself as strong or courageous (290)
583	חָזָק	(adj) strong, mighty, hard (57)
186	חָטָא	(Q) to miss (a goal or mark), sin, commit a sin; (Pi) make a sin offering; (Hi) cause to sin (240)
157	חַטָּאת	sin, sin offering; (fs cstr) חַטַּאת; (fp cstr) חַטֹּאות and חַטֹּאת (298)
178	חַי	(adj) living, alive; (mp) חַיִּים (254)
168	חָיָה	(Q) to live, be alive, revive, restore to life; (Pi) preserve alive, let live, give life; (Hi) preserve, keep alive, revive, restore to life (283)
390	חַיָּה	animal, beast, living thing (96)
291	חַיִּים	life, lifetime (140)
185	חַיִל	strength, wealth, army (246)
296	חָכָם	(adj) wise, skillful, experienced (138)
71	חָכְמָה	wisdom, skill (153)
404	חֵלֶב	fat; (metaphorically) best, choice part (92)

467 חָלָה (Q) to be(come) weak, tired, sick; (Ni) be exhausted; (Pi) appease, flatter (75)

523 חֲלוֹם dream (65)

396 חָלָל (adj) pierced, slain, defiled (94)

302 חָלַל (Ni) to be defiled, profaned, defile oneself; (Pi) profane, pollute, defile; (Hi) let something be profaned (135)

598 חָלַק (Q) to divide, share (with or in), apportion, distribute; (Pi) divide (in pieces), apportion, scatter (55)

520 חֵ֫לֶק portion, share (66)

323 חֵמָה wrath, heat, poison (125)

391 חֲמוֹר donkey (96)

560 חָמָס violence, wrong (60)

96 חָמֵשׁ five; (fs) חֲמִשָּׁה; (mp) חֲמִשִּׁים fifty (508)

507 חֵן favor, grace, charm (69)

286 חָנָה (Q) to decline, camp, encamp, pitch camp, lay siege to (143)

458 חָנַן (Q) to be gracious to, show favor to, favor; (Hith) plead for grace, favor or compassion (77)

184 חֶ֫סֶד loyalty, faithfulness, steadfast love, lovingkindness (249)

471 חָפֵץ (Q) to delight in, take pleasure in, desire, be willing (74)

599 חֵץ arrow; (mp) חִצִּים (55)

324 חֲצִי half, middle (125)

229 חָצֵר (cs) courtyard, village, settlement; (cp) חֲצֵרִים and חֲצֵרוֹת (192)

315 חֹק statute, appointed time, portion; (mp) חֻקִּים (131)

373 חֻקָּה statute, ordinance (104)

120 חֶ֫רֶב (fs) sword (413)

401 חָרָה (Q) to be(come) hot, burn with anger, become angry (93)

638 חָרַם (Hi) to devote to the ban, dedicate to destruction, exterminate (50)

484 חֶרְפָּה reproach, disgrace, shame (73)

327 חָשַׁב (Q) to think, consider, devise, plan, value, reckon; (Ni) be reckoned, accounted, considered (as); (Pi) think, consider, devise, plan (124)

441 חֹשֶׁךְ darkness (80)

600 חָתַת (Q) to be shattered, dismayed, filled with terror (55)

ט

639 טַבַּ֫עַת ring, signet ring; (fp) טַבָּעֹת (50)

392 טָהוֹר (adj) clean, pure (96)

397 טָהֵר (Q) to be clean (ceremonially), pure (morally); (Pi) cleanse, purify, pronounce clean; (Hith) purify or cleanse oneself (94)

92 טוֹב (adj) good, pleasant (530)

262 טָמֵא (Q) to be(come) unclean; (Ni) defile oneself; (Pi) defile, pronounce or declare unclean; (Hith) defile oneself, become unclean (162)

417 טָמֵא (adj) unclean (88)

589 טֶ֫רֶם before, not yet; also spelled בְּטֶ֫רֶם with prep בְּ (56)

י

532 יְאֹר stream, river, Nile (64)

571 יָבֵשׁ (Q) to dry up, be(come) dry, wither; (Hi) make dry (up), make wither (59)

28 יָד (fs) hand; (metaphorically) power (1,627)

359 יָדָה (Hi) to thank, praise, confess; (Hith) confess (111)

47 יָדַע (Q) to know, know sexually (have intercourse with); (Ni) be(come) known, reveal oneself; (Hi) make known, inform (956)

22 יוֹם day; (mp) יָמִים (2,301)

617	יוֹמָם	by day, daily, in the daytime (53)
393	יַחְדָּו	together, at the same time (96)
343	יָטַב	(Q) to be well with, go well with, be pleasing (to); (Hi) make things go well for, do good to, deal well with, treat kindly (117)
289	יַיִן	wine; (ms cstr) יֵין (141)
572	יָכַח	(Hi) to reprove, rebuke, reproach, chasten, punish, decide, mediate, arbitrate (59)
227	יָכֹל	(Q) to be able, capable of, endure, prevail (193)
99	יָלַד	(Q) to bear (children), give birth, bring forth, beget; (Ni) be born; (Pi) help at birth, serve as midwife; (Pu) be born; (Hi) become the father of, beget (499)
414	יֶלֶד	child, boy, youth (89)
126	יָם	sea; (mp) יַמִּים (396)
290	יָמִין	(fs) right hand, south (141)
213	יָסַף	(Q) to add, continue (to do something again); (Hi) add, increase, do again and again (213)
382	יַעַן	on account of, because; 33x with אֲשֶׁר (#9) as יַעַן אֲשֶׁר (100)
442	יָעַץ	(Q) to advise, counsel, plan, decide; (Ni) consult or take counsel together (80)
584	יַעַר	forest, woods, thicket (57)
40	יָצָא	(Q) to go or come out; (Hi) cause to go or come out, lead out, bring out (1,076)
618	יָצַק	(Q) to pour, pour out (liquid), cast (metal), flow (into); (Hoph) be cast, poured out, emptied out (53)
538	יָצַר	(Q) to form, fashion, shape, create (63)
150	יָרֵא	(Q) to fear, be afraid, in awe of, reverence; (Ni) be feared, held in honor (317)
539	יָרֵא	(adj) fearful (63)
128	יָרַד	(Q) to go down, descend; (Hi) bring down, lead down (382)

609 יְרִיעָה tent curtain (54)

194 יָרַשׁ (Q) to inherit, take possession of, dispossess, impoverish; (Hi) cause to possess or inherit, dispossess (232)

297 יֵשׁ (particle of existence) there is, there are (138)

38 יָשַׁב (Q) to sit (down), dwell, inhabit; (Hi) cause to sit or dwell, settle (a city) (1,088)

451 יְשׁוּעָה salvation, help, deliverance (78)

220 יָשַׁע (Ni) to be delivered, victorious, receive help; (Hi) help, save, deliver, rescue, come to the aid of (205)

336 יָשָׁר (adj) upright, just (119)

370 יָתַר (Ni) to be left over, remain; (Hi) have (something) left over or remaining (106)

388 יֶ֫תֶר rest, remainder, excess (97)

כּ

16 כְּ (prep) as, like, according to; (with 2ms suff) כָּמ֫וֹךָ (3,053)

353 כָּבֵד (Q) to be heavy, weighty, honored; (Ni) be honored; (Pi) honor; (Hi) make heavy, dull or insensitive, harden (heart) (114)

224 כָּבוֹד glory, splendor, honor, abundance (200); כְּבוֹד יְהוָה "the glory of Yahweh"

632 כָּבַס (Pi) to clean, cleanse, wash away guilt (51)

367 כֶּ֫בֶשׂ lamb, sheep (107)

85 כֹּה thus, here (577)

66 כֹּהֵן priest; (mp) כֹּהֲנִים (750)

205 כּוּן (Ni) to be established, steadfast, ready, arranged, stand firm; (Hi) establish, set up, prepare, make ready, make firm; (Polel) set up, establish (219)

320 כֹּחַ strength, power (126)

14 כִּי that, because; (adversative) but, except; (emphatic) indeed, truly (4,487); כִּי־אִם but, except

511	כִּכָּר	(fs) something round, talent (weight), valley; (fp) כִּכָּרִים (68)
10	כֹּל	all, each, every; (cstr) כָּל־ (5,415)
218	כָּלָה	(Q) to be complete, finished, at an end, accomplished, spent, exhausted, come to an end; (Pi) complete, finish, bring to an end (207)
146	כְּלִי	vessel, implement, weapon; (mp) כֵּלִים; (mp cstr) כְּלֵי (325)
69	כֵּן	so, thus (741)
360	כָּנָף	(fs) wing, edge, extremity (111)
303	כִּסֵּא	seat, chair, throne (135)
272	כָּסָה	(Q) to cover, conceal, hide; (Pi) cover (up), conceal, clothe (153)
501	כְּסִיל	fool, shameless person (70)
123	כֶּסֶף	silver, money (403)
601	כָּעַס	(Q) to be angry, vexed; (Hi) vex, provoke, provoke (God) to anger (55)
226	כַּף	(fs) hand, palm, sole of the foot (195)
377	כָּפַר	(Pi) to cover (over), atone (for), make atonement (102)
409	כְּרוּב	cherub; (mp) כְּרוּבִים cherubim (91)
398	כֶּרֶם	vineyard (94)
161	כָּרַת	(Q) to cut, cut off, cut down; (idiom) to make a covenant (with בְּרִית); (Ni) be cut off (down); (Hi) cut off, destroy, exterminate (289)
524	כָּשַׁל	(Q) to stumble, totter, stagger; (Ni) be caused to stumble, stumble (65)
199	כָּתַב	(Q) to write (upon), register, record; (Ni) be written (225)
514	כָּתֵף	(fs) side, shoulder (67)

ל

3	לְ	(prep) to, toward, for (20,321)
12	לֹא	(neg particle) no, not; also spelled לוֹא (5,189)
54	לֵב	heart, mind, will; (mp) לִבּוֹת; also spelled לֵבָב (854)
265	לְבַד	alone, by oneself; (with 3ms suff) לְבַדּוֹ (161)
357	לָבַשׁ	(Q) to put on a garment, clothe, be clothed; (Hi) clothe (112)
249	לָחַם	(Q, Ni) to fight, do battle with (rare in Q) (171)
140	לֶ֫חֶם	bread, food (340)
192	לַ֫יְלָה	(ms) night; (mp) לֵילוֹת (234)
495	לִין	(Q) to remain overnight, spend the night (71)
331	לָכַד	(Q) to take, capture, catch, seize; (Ni) be caught, captured (121)
420	לָמַד	(Q) to learn; (Pi) teach (87)
242	לָ֫מָּה	why? also spelled לָמָה (178)
174	לְמַ֫עַן	(prep) on account of, for the sake of (272)
46	לָקַח	(Q) to take, grasp, capture, seize; (Ni) be captured, taken away (967)
344	לָשׁוֹן	(cs) tongue, language (117)

מ

156	מְאֹד	very, exceedingly (300)
84	מֵאָה	hundred; (fp) מֵאוֹת; (fd) מָאתַ֫יִם two hundred (583)
472	מָאַס	(Q) to refuse, reject, despise (74)
561	מָגֵן	(cs) shield; (cp) מָגִנִּים (60)
354	מִגְרָשׁ	open land, pasture (114)
176	מִדְבָּר	wilderness, desert, pasture (269)
626	מָדַד	(Q) to measure, measure off (distance or expanse), measure out (grain) (52)

602 מִדָּה measure, measurement (55)

489 מַדּוּעַ why? (72)

619 מְדִינָה province, district (53)

86 מָה (interrog pron) what? also spelled מַה and מֶה (571)

437 מָהַר (Pi) to hasten, hurry, go or come quickly (81)

640 מוּסָר discipline, correction, instruction (50)

200 מוֹעֵד appointed time (of feast), meeting place, assembly (223)

56 מוּת (Q) to die; (Hi) kill, put to death; (Hoph) be killed (845)

273 מָ֫וֶת death, dying; (ms cstr) מוֹת (153)

124 מִזְבֵּחַ altar; (mp) מִזְבְּחוֹת (403)

585 מִזְמוֹר psalm, song (57); all in Pss

473 מִזְרָח east, sunrise (74)

210 מַחֲנֶה (cs) camp, army; (cp) מַחֲנוֹת and מַחֲנִים (215)

627 מָחָר tomorrow (52)

590 מַחֲשָׁבָה thought, plan, scheme (56)

179 מַטֶּה (ms) staff, rod, tribe; (mp) מַטּוֹת (252)

116 מִי (interrog pron) who? (424)

83 מַ֫יִם water; (md cstr) מֵי (585)

443 מָכַר (Q) to sell, hand over; (Ni) be sold, sell oneself (into slavery) (80)

180 מָלֵא (Q) to be full, fill (up); (Ni) be filled (with); (Pi) fill, perform, carry out, consecrate as priest (252)

554 מָלֵא (adj) full, filled (61)

214 מַלְאָךְ messenger, angel (213)

254 מְלָאכָה work, occupation, service (167)

149 מִלְחָמָה war, battle, struggle (319)

399 מָלַט (Ni) to escape, flee to safety, slip away; (Pi) let someone escape, save someone, leave undisturbed (94)

138	מָלַךְ	(Q) to be(come) king or queen, reign, rule; (Hi) make someone king or queen, install someone as king or queen (350)
20	מֶ֫לֶךְ	king, ruler (2,530)
410	מַלְכוּת	kingdom, dominion, royal power (91)
345	מַמְלָכָה	kingdom, dominion, reign (117)
6	מִן	(prep) from, out of; also spelled · מִ (Nun assimilates as Daghesh Forte) when prefixed to another word (7,592)
217	מִנְחָה	gift, offering, tribute (211)
305	מִסְפָּר	number (134)
379	מְעַט	(adj) little, few (101)
292	מַ֫עַל	above, upward, on top of (140)
191	מַעֲשֶׂה	(ms) work, deed, act (235)
110	מָצָא	(Q) to find (out), reach, obtain, achieve; (Ni) be found (457)
620	מַצָּה	unleavened bread (53)
238	מִצְוָה	commandment; (fp) מִצְוֹת (184); מִצְוֹת יְהוָה "the commandments of Yahweh"
468	מִקְדָּשׁ	sanctuary (75); 31x in Ezek
125	מָקוֹם	place, location; (mp) מְקֹמוֹת (401)
461	מִקְנֶה	cattle, livestock, property (76)
376	מַרְאֶה	vision, sight, appearance (103)
610	מָרוֹם	height, elevation, pride (54)
502	מָשַׁח	(Q) to smear (with a liquid, oil or dye), anoint (with oil) (70)
294	מִשְׁכָּן	dwelling place, tabernacle; (mp) מִשְׁכָּנוֹת (139)
438	מָשַׁל	(Q) to rule, reign, govern, have dominion (81)
452	מִשְׁמֶ֫רֶת	watch, guard, responsibility (78)
154	מִשְׁפָּחָה	family, clan (304)
115	מִשְׁפָּט	judgment, decision, ordinance, law, custom (425)

נ

122 נָא (emphatic particle) please, now, surely (405)

132 נְאֻם utterance, announcement, revelation (376); נְאֻם־יְהוָה "says (declares) Yahweh"

350 נָבָא (Ni) to prophesy, be in a state of prophetic ecstasy; (Hith) speak or behave as a prophet (115)

503 נָבַט (Hi) to look (at or out), gaze, behold (70)

151 נָבִיא prophet (317)

134 נָגַד (Hi) to tell, announce, report, declare, inform; (Hoph) be told, announced, reported (371)

276 נֶ֫גֶד (prep) opposite, in front of (151)

277 נָגַע (Q) to touch, strike, reach; (Hi) touch, reach, throw, arrive (150)

453 נֶ֫גַע plague, affliction (78)

325 נָגַשׁ (Q) to draw near, approach; (Ni) draw near; (Hi) bring (near), offer (a sacrifice) (125)

633 נָדַח (Ni) to be scattered, banished, driven away, thrust out; (Hi) scatter, drive away, disperse, thrust out (51)

562 נֶ֫דֶר vow; also spelled נֵ֫דֶר (60)

337 נָהָר river, stream; (mp) נְהָרוֹת and נְהָרִים (119)

293 נוּחַ (Q) to rest, settle down, repose; (Hi) cause to rest, secure rest, set, leave (behind or untouched) (140)

267 נוּס (Q) to flee, escape (160)

573 נָחַל (Q) to take (as a) possession, obtain (receive) property, give as an inheritance; (Hi) give as an inheritance (59)

299 נַ֫חַל stream, brook, wadi (137)

203 נַחֲלָה inheritance, property, possession (222)

364 נָחַם (Ni) to be sorry, regret, have compassion (on or for); (Pi) comfort, console (108)

295 נְחֹ֫שֶׁת copper, bronze (139)

209 נָטָה (Q) to spread out, stretch out, extend, pitch (a tent), turn, bend; (Hi) turn, incline, stretch out, spread out (216)

574 נָטַע (Q) to plant (59)

98 נָכָה (Hi) to strike, smite, beat, strike dead, destroy; (Hoph) be struck down dead, beaten (501)

641 נָכַר (Hi) to recognize, know, investigate, be acquainted with, acknowledge (50)

563 נֶ֫סֶךְ drink offering; also spelled נֵ֫סֶךְ (60)

283 נָסַע (Q) to pull (out or up), set out, start out, depart, journey (146)

187 נַ֫עַר boy, youth, servant (240)

462 נַעֲרָה young girl, newly married woman, maidservant (76)

113 נָפַל (Q) to fall, fall upon; (Hi) cause to fall, bring to ruin (435)

65 נֶ֫פֶשׁ (fs) soul, life, person, neck, throat (757)

474 נָצַב (Ni) to stand (firm), take one's stand, station oneself, be positioned; (Hi) station, set (up), place, establish (74)

525 נָצַח (Pi) to supervise, oversee or inspect works and activities related to the temple; מְנַצֵּחַ (ptc) used as title (superscription) in 55 psalms (65)

215 נָצַל (Ni) to be rescued, delivered, saved; (Hi) tear from, take away, deliver from (213)

540 נָצַר (Q) to keep watch, watch over, guard, protect, preserve (63)

75 נָשָׂא (Q) to lift, carry, raise, bear (load or burden), take (away); (Ni) be carried, lifted up, exalted; (Pi) lift up, exalt; (Hith) lift oneself up, exalt oneself (659)

642 נָשַׂג (Hi) to reach, overtake (50)

316 נָשִׂיא chief, leader, prince (130)

26 נָתַן (Q) to give, put, place, set; (Ni) be given (2,014)

ס

260	סָבַב	(Q) to turn (about), go around, surround; (Ni) turn; (Hi) cause to go around, lead around; (Polel) encompass with protection (163)
141	סָבִיב	around, about; (substantive) surroundings (338)
411	סָגַר	(Q) to shut (in), close; (Hi) deliver (up), hand over, surrender, give up (91)
298	סוּס	horse (138)
158	סוּר	(Q) to turn (aside), turn off, leave (off), desist; (Hi) remove, take away, get rid of (298)
475	סֶלָה	technical poetic notation of undetermined meaning; in Pss and 3x in Habakkuk (74)
575	סֶלַע	rock, stone, cliff (59)
621	סֹלֶת	flour (53)
368	סָפַר	(Q) to count; (Pi) count, recount, make known, proclaim, report, tell (107)
230	סֵפֶר	book, scroll, document (191); סֵפֶר הַתּוֹרָה "the book of the law"
611	סֹפֵר	scribe, secretary (54)
432	סָתַר	(Ni) to be hidden, hide oneself; (Hi) hide (82)

ע

162	עָבַד	(Q) to work, serve, toil (289)
59	עֶבֶד	slave, servant (803)
284	עֲבֹדָה	work, labor, service, worship (145)
90	עָבַר	(Q) to pass over, pass through, pass by, cross; (Hi) cause to pass over, bring over, cause or allow to pass (through), cause to pass through fire, sacrifice (553)
405	עֵבֶר	beyond, other side, edge, bank (92)

508	עֵד	witness (69)
33	עַד	(prep) until, as far as (1,263)
250	עֵדָה	congregation, assembly (171)
555	עֵדוּת	witness, testimony; (fp) עֵדוֹת (61)
105	עוֹד	again, still, as long as (491)
112	עוֹלָם	forever, everlasting, ancient; also spelled עֹלָם (439)
193	עָוֺן	transgression, iniquity, guilt, punishment (of sin); (mp) עֲוֺנוֹת (233)
496	עוֹף	(coll) flying creatures, birds, insects (71)
444	עוּר	(Q) to be awake, stir up; (Hi) arouse, rouse, wake up, stir up; (Polel) arouse, disturb, awaken (80)
383	עוֹר	skin, hide, leather (99)
476	עֵז	(fs) goat, goat's hair; (fp) עִזִּים (74)
463	עֹז	strength, power, might; (with 3ms suff) עֻזּוֹ (76)
211	עָזַב	(Q) to leave, leave behind, forsake, abandon, set free (214)
433	עָזַר	(Q) to help, assist, come to the aid of (82)
48	עַיִן	(cs) eye, spring (900)
39	עִיר	(fs) city, town; (fp) עָרִים (1,088)
7	עַל	(prep) on, upon, on account of, according to (5,777)
49	עָלָה	(Q) to go up, ascend; (Ni) be taken up; (Hi) bring or lead up or out, offer up (sacrifice) (894)
164	עֹלָה	whole burnt offering (sacrifice that is completely burned) (286)
622	עֶלְיוֹן	(adj) upper; (divine title) Most High (53)
27	עַם	people; (mp) עַמִּים (1,869)
44	עִם	(prep) with, together with; (with 3ms suff) עִמּוֹ (1,048)
94	עָמַד	(Q) to stand (up), take one's stand, stand still; (Hi) station, set up, appoint, designate (524)
358	עַמּוּד	pillar, column, tent pole (112)

612	עָמָל	trouble, labor, toil (54)
504	עֵמֶק	valley, plain (70)
152	עָנָה	(Q) to answer, respond, reply, testify; (Ni) be answered (316)
449	עָנָה	(Q) to be afflicted, humbled; (Pi) afflict, oppress, humiliate, violate (79)
445	עָנִי	(adj) poor, humble, afflicted (80)
421	עָנָן	(coll) clouds (87)
362	עָפָר	dust, dry earth (110)
143	עֵץ	tree, wood (330)
422	עֵצָה	counsel, plan, advice (87)
321	עֶצֶם	(fs) bone, skeleton (126)
306	עֶרֶב	evening, sunset (134)
564	עֲרָבָה	desert plain, Arabah (60)
613	עֶרְוָה	nakedness (54)
469	עָרַךְ	(Q) to set in order, lay out, set in rows, arrange, stack (wood), draw up a battle formation (75)
17	עָשָׂה	(Q) to do, make; (Ni) be done, made (2,632)
142	עָשָׂר	ten; (fs) עֶשְׂרֵה; used in constructions to express numerals eleven to nineteen (337)
103	עֶשֶׂר	ten; (fs) עֲשָׂרָה; (mp) עֶשְׂרִים twenty, twentieth (492)
159	עֵת	(cs) time, point of time; (cp) עִתִּים and עִתּוֹת (296)
114	עַתָּה	now, after all, at last, then (435)

פ

424	פֵּאָה	corner, side, edge (86)
565	פָּדָה	(Q) to ransom, redeem, buy out (60)
100	פֶּה	(ms) mouth, opening; (ms cstr) פִּי (498)

434	פֹּה	here, at this place; also spelled פּוֹ (82)
526	פּוּץ	(Q) to be spread, dispersed, scattered, overflow; (Ni) be scattered, dispersed; (Hi) scatter, disperse (65)
497	פָּלָא	(Ni) to be extraordinary, wonderful; (Hi) do something wonderful (71)
428	פָּלַל	(Hith) to pray, make intercession (84)
311	פֶּן־	lest, otherwise (133)
307	פָּנָה	(Q) to turn (toward, from, to the side, away) (134)
24	פָּנִים	(cp) face, front; לִפְנֵי (prep לְ prefixed to cstr) before, in front of (2,126)
579	פָּעַל	(Q) to do, make, perform (58)
340	פַּעַם	(fs) foot, pace, time; (fp) פְּעָמִים (118)
155	פָּקַד	(Q) to attend (to), pay attention to, take care of, miss (someone), number, appoint; (Ni) be missed, visited, appointed; (Hi) appoint, entrust (304)
312	פַּר	bull, ox, steer (133)
338	פְּרִי	fruit, offspring (119)
515	פָּרַשׂ	(Q) to spread out (as with hands in prayer), stretch (out or over) (67)
586	פָּרָשׁ	horseman, horse (57)
402	פֶּשַׁע	transgression, rebellion (93)
300	פָּתַח	(Q) to open (up); (Ni) be opened, loosened, set free; (Pi) let loose, loosen (136)
259	פֶּתַח	opening, entrance, doorway (164)

צ

172	צֹאן	(cs) flock(s), flock of sheep and goats (274)
107	צָבָא	(cs) host, army, war, service; (cp) צְבָאוֹת (487); יְהוָה צְבָאוֹת "Yahweh of Hosts"
219	צַדִּיק	(adj) righteous, just, innocent (206)

328 צֶ֫דֶק righteousness, equity (123)

268 צְדָקָה righteousness, righteous act, justice (159)

102 צָוָה (Pi) to command, give an order, charge; (Pu) be ordered, be told, receive a command (496)

485 צוּר rock, boulder (73)

623 צֵל shadow, shade, protection (53)

527 צָלַח (Q) to succeed, prosper, be successful; (Hi) be successful, succeed, cause to succeed or prosper (65)

603 צָעַק (Q) to shout, cry (out), call for help; (Ni) be called together, summoned (55)

274 צָפוֹן (fs) north, northern (153)

490 צַר adversary, enemy (72)

505 צָרָה distress, anxiety, trouble (70)

ק

319 קָבַץ (Q) to collect, gather, assemble; (Ni) be gathered, assembled; (Pi) gather together, assemble (127)

313 קָבַר (Q) to bury; (Ni) be buried (133)

516 קֶ֫בֶר grave, burial site; (mp) קְבָרִים and קְבָרוֹת (67)

346 קָדוֹשׁ (adj) holy, set apart (117)

509 קָדִים east, eastern, east wind (69)

556 קֶ֫דֶם east, ancient times (61)

251 קָדַשׁ (Q) to be holy, set apart or consecrated; (Ni) be honored or treated as holy; (Pi) set apart, consecrate or dedicate as holy; (Hi) consecrate, dedicate or declare as holy; (Hith) show or keep oneself holy (171)

108 קֹ֫דֶשׁ holiness, something that is holy (470)

329 קָהָל assembly, community, crowd (123)

97 קוֹל voice, sound, noise; also spelled קֹל (505)

77	קוּם	(Q) to rise, arise, get up, stand (up); (Hi) set up, put up, cause to arise, establish (627)
477	קָטֹן	(adj) small, young, insignificant; (fs) קְטַנָּה (74)
351	קָטַר	(Pi) to make a sacrifice go up in smoke, offer (a sacrifice) by burning; (Hi) cause a sacrifice to go up in smoke (115)
566	קְטֹ֫רֶת	incense, smoke (60)
486	קִיר	wall; (mp) קִירוֹת (73)
435	קָלַל	(Q) to be small, insignificant, of little account, swift; (Ni, Pi) declare cursed; (Hi) treat with contempt (82)
427	קָנָה	(Q) to get, acquire, buy (85)
546	קָנֶה	(ms) reed (62)
517	קֵץ	end, border, limit (67)
406	קָצֶה	(ms) end, border, outskirts (92)
70	קָרָא	(Q) to call, summon, proclaim, read aloud, give a name to; (Ni) be called, summoned, proclaimed (739)
301	קָרָא	(Q) to meet, encounter, happen; inf cstr with prep לְ (לִקְרַאת) toward, against, opposite (136)
169	קָרַב	(Q) to approach, draw near, come near; (Hi) bring (near), present, offer a sacrifice or offering (280)
197	קֶ֫רֶב	inner part(s), organ(s), body; (prep) בְּקֶ֫רֶב (155x) in the middle of, among (227)
446	קָרְבָּן	gift, offering (80)
470	קָרוֹב	(adj) near, close (75)
464	קֶ֫רֶן	(fs) horn (76)
541	קָרַע	(Q) to tear, rend, cut up, tear away (63)
634	קֶ֫רֶשׁ	board, plank (51); 48x in Exod
465	קֶ֫שֶׁת	bow, weapon (76)

ר

32 רָאָה (Q) to see, perceive, understand; (Ni) appear; (Pu) be seen; (Hi) let or cause someone to see (something) (1,311)

80 רֹאשׁ head, top, chief; (mp) רָאשִׁים (600)

240 רִאשׁוֹן (adj) first, former; (fs) רִאשֹׁנָה; (mp) רִאשֹׁנִים (182)

635 רֵאשִׁית beginning, first (51)

278 רֹב multitude, abundance, greatness (150)

119 רַב (adj) great, many; (mp) רַבִּים (419)

196 רָבָה (Q) to be(come) numerous, great, increase; (Hi) make many, make great, multiply, increase (229)

604 רְבִיעִי (adj) fourth; (fs) רְבִיעִית (55)

182 רֶגֶל (fs) foot (251)

285 רָדַף (Q) to pursue, follow after, chase, persecute (144)

129 רוּחַ (cs) spirit, wind, breath; (cp) רוּחוֹת (378)

225 רוּם (Q) to be high, exalted, rise, arise; (Hi) raise, lift up, exalt, take away; (Hoph) be exalted; (Polel) exalt, bring up, extol, raise (children) (197)

374 רוּץ (Q) to run (104)

380 רֹחַב width, breadth, expanse (101)

429 רָחוֹק (adj) distant, remote, far away (84)

491 רָחַץ (Q) to wash (with water), wash (off or away), bathe, bathe oneself (72)

576 רָחַק (Q) to be(come) far or distant, keep far from; (Hi) remove, put (keep) far away, keep at a distance (59)

492 רִיב (Q) to strive, contend, quarrel, dispute, conduct a legal case (72)

547 רִיב dispute, quarrel, lawsuit (62)

580 רֵיחַ smell, odor, scent (58)

454 רָכַב (Q) to ride, mount and ride; (Hi) cause or make to ride (78)

334 רֶכֶב chariot, (coll) chariots or chariot riders (120)

624	רָנַן	(Q) to call or cry aloud, shout with joy; (Pi) cry out (with joy), exult (53)
234	רֵעַ	friend, companion, neighbor (188)
153	רַע	(adj) bad, evil, wicked, worthless; also spelled רָע (312)
381	רָעָב	famine, hunger (101)
255	רָעָה	(Q) to pasture, tend (flocks), graze, shepherd, feed (167)
137	רָעָה	evil, wickedness, calamity, disaster (354)
384	רָעַע	(Q) to be bad, evil or displeasing; (Hi) do evil, do wickedly, do injury, harm, treat badly (98)
510	רָפָא	(Q) to heal; (Ni) be healed, become whole; (Pi) heal, make healthy (69)
591	רָצוֹן	pleasure, acceptance, favor (56)
363	רַק	only, still, but, however (109)
177	רָשָׁע	(adj) wicked, guilty (264)

שׂ

389	שָׂבַע	(Q) to be satisfied, have one's fill (of), eat or drink one's fill; (Hi) satisfy (97)
144	שָׂדֶה	(ms) field, pastureland (329)
81	שִׂים	(Q) to set (up), put, place, set in place, establish; also spelled שׂוּם (588)
567	שָׂכַל	(Hi) to understand, comprehend, have insight, make wise, have success (60)
614	שְׂמֹאל	left, left side, north; also spelled שְׂמֹאול (54)
269	שָׂמַח	(Q) to rejoice, be joyful, glad; (Pi) cause to rejoice, gladden, make someone happy (156)
400	שִׂמְחָה	joy, gladness (94)
279	שָׂנֵא	(Q) to hate; (Pi ptc) enemy (148)
628	שָׂעִיר	male goat (52)
243	שָׂפָה	lip, language, edge, shore (178)

| 117 | שַׂר | ruler, prince (421) |
| 347 | שָׂרַף | (Q) to burn (completely), destroy; (Ni) be burned (117) |

שׁ

287	שֶׁ	(prefixed rel pron) who, which, that (143)
528	שְׁאוֹל	(cs) underworld, Sheol (65)
244	שָׁאַל	(Q) to ask (of), inquire (of), request, demand (176)
314	שָׁאַר	(Ni) to remain, be left over, survive; (Hi) leave (someone or something) remaining (133)
521	שְׁאֵרִית	remnant, remainder (66); 37x in Isa, Jer, Ezek
232	שֵׁבֶט	rod, staff, scepter, tribe (190); שִׁבְטֵי יִשְׂרָאֵל "the tribes of Israel"
385	שְׁבִיעִי	(adj) seventh; (fs) שְׁבִיעִית (98)
236	שָׁבַע	(Ni) to swear (take) an oath; (Hi) cause to take an oath, plead with someone (186)
106	שֶׁבַע	(ms) seven; (fs) שִׁבְעָה; (mp) שִׁבְעִים seventy (490)
280	שָׁבַר	(Q) to break (up), break in pieces, smash, shatter; (Ni) be smashed, broken, shattered or destroyed; (Pi) shatter, smash, break (148)
498	שָׁבַת	(Q) to stop, cease, rest; (Hi) put an end to, remove, put away (71)
361	שַׁבָּת	(cs) Sabbath, day or period of rest; (cp) שַׁבָּתוֹת (111)
577	שָׁדַד	(Q) to devastate, ruin, deal violently with, violently destroy; (Pu) be devastated (59)
615	שָׁוְא	worthlessness, vanity, emptiness (54)
41	שׁוּב	(Q) to turn back, turn, return; (Hi) cause to return, bring back, restore; (Polel) bring back, restore (1,075)
493	שׁוֹפָר	trumpet, ram's horn; (mp) שׁוֹפָרוֹת (72)
450	שׁוֹר	ox, bull, cow (79)
439	שָׁחַט	(Q) to slaughter (animals for sacrifice) (81)
275	שָׁחַת	(Pi, Hi) to ruin, destroy, spoil, annihilate (152)

418 שִׁיר (Q) to sing (of); (Q and Polel ptc) singer (88)

455 שִׁיר song (78)

425 שִׁית (Q) to set, put, place, set one's mind to (86)

216 שָׁכַב (Q) to lie down, have sexual intercourse (with) (213)

378 שָׁכַח (Q) to forget; (Ni) be forgotten (102)

529 שָׁכַם (Hi) to get up early, rise early, do (something) early (65)

317 שָׁכַן (Q) to settle (down), abide, reside, dwell, inhabit; (Pi) abide, dwell (130)

189 שָׁלוֹם peace, welfare, wholeness (237)

55 שָׁלַח (Q) to send, stretch out; (Pi) send, stretch out, send away, expel; (Pu) be sent away (off) (847)

499 שֻׁלְחָן table; (mp) שֻׁלְחָנוֹת (71)

365 שְׁלִישִׁי (adj) third; (fs) שְׁלִשִׁית and שְׁלִישִׁיָּה (108)

326 שָׁלַךְ (Hi) to send, throw, cast; (Hoph) be thrown, cast (125)

478 שָׁלָל plunder, spoil (74)

349 שָׁלֵם (Q) to be complete, finished; (Pi) complete, finish, make whole, restore, reward; (Hi) bring to completion, consummate (116)

423 שֶׁ֫לֶם peace offering (87)

78 שָׁלֹשׁ (ms) three; (fs) שְׁלֹשָׁה; (mp) שְׁלֹשִׁים thirty (606)

53 שֵׁם name, reputation (864)

57 שָׁם there, then, at that time (835)

413 שָׁמַד (Ni) to be exterminated, destroyed or annihilated; (Hi) exterminate, annihilate, destroy (90)

118 שָׁמַ֫יִם heaven, sky (421)

407 שָׁמֵם (Q) to be deserted, uninhabited; (Ni) be made uninhabited, desolate, deserted; (Hi) make deserted or desolated (92)

592 שְׁמָמָה desolation, waste, ruin (56)

228 שֶׁ֫מֶן oil, fat (193)

281 שְׁמֹנֶה eight; (fs) שְׁמֹנָה; (mp) שְׁמֹנִים eighty (147)

36	שָׁמַע	(Q) to hear, listen to, understand, obey; (Ni) be heard; (Hi) proclaim (1,165)
109	שָׁמַר	(Q) to watch (over), guard, keep, observe, preserve, protect, take care of; (Ni) to be kept, protected, on one's guard (469)
308	שֶׁמֶשׁ	(cs) sun (134)
605	שֵׁן	(cs) tooth, ivory (55)
51	שָׁנָה	year; (fp) שָׁנִים (878)
270	שֵׁנִי	(adj) second; (fs) שֵׁנִית (156)
64	שְׁנַיִם	(md) two; (fd) שְׁתַּיִם (769)
133	שַׁעַר	gate (373)
542	שִׁפְחָה	female slave or servant, maidservant (63)
221	שָׁפַט	(Q) to judge, make a judgment, decide (between), settle (a dispute or controversy); (Ni) go to court, plead, dispute (204)
348	שָׁפַךְ	(Q) to pour (out), spill, shed (blood) (117)
548	שָׁקָה	(Hi) to give drink (to), irrigate (62)
419	שֶׁקֶל	shekel, measurement of weight (88)
355	שֶׁקֶר	lie, deception, falsehood (113)
386	שָׁרַת	(Pi) to minister, serve (98)
173	שֵׁשׁ	six; (fs) שִׁשָּׁה; (fs cstr) שֵׁשֶׁת; (mp) שִׁשִּׁים sixty (274)
207	שָׁתָה	(Q) to drink (217)

ת

581	תְּהִלָּה	praise, song of praise (58)
341	תּוֹעֵבָה	abomination, abhorrence, offensive thing (118)
201	תּוֹרָה	law, instruction, teaching (223)
95	תַּחַת	(prep) under, below, instead of (510)

375 תָּמִיד continually (104)

412 תָּמִים (adj) blameless, perfect, honest, devout (91)

533 תָּמַם (Q) to be(come) complete or finished, come to an end, cease, be consumed, burned out (64)

636 תָּעָה (Q) to err, wander (about), stagger, go astray (animal); (Hi) lead astray, cause to err (51)

459 תְּפִלָּה prayer (77)

530 תָּפַשׂ (Q) to take hold of, seize, capture, grasp; (Ni) be seized, caught, captured, conquered (65)

506 תָּקַע (Q) to drive or thrust (weapon into a person), pitch (tent), blow (trumpet), clap one's hands (70)

466 תְּרוּמָה offering, contribution, tribute (76)

456 תֵּ֫שַׁע nine; (fs) תִּשְׁעָה; (mp) תִּשְׁעִים ninety (78)

Scripture Index

Genesis

1:1	2, 64
1:5	2, 64
1:28a	2, 64
1:31a	3, 64
2:2a	3, 64
2:17	3, 64
2:19	4, 65
2:23	4, 65
2:24	4, 65
4:10	5, 65
6:8	5, 65
6:11	5, 65
8:14	5, 66
8:20	6, 66
9:9	6, 66
9:13	6, 66
11:8	6, 66
12:3	7, 66
12:10	7, 66
12:16	7, 67
12:17	8, 67
12:19	8, 67
15:1b	8, 67
15:6	9, 67
15:16	9, 67
15:18a	9, 68
17:1	10, 68
18:2	10, 68
24:49	10, 68
25:24	11, 68
29:7	11, 68
32:6[5]	11, 69
36:40	12, 69
45:4	12, 69

Exodus

1:8	12, 69
3:12	13, 69
7:17b	13, 69
10:1	13, 70
12:29	14, 70
12:35	14, 70
14:6	14, 70
14:21	15, 70

18:25	15, 71
20:8a	15, 71
21:24	16, 71
22:19[20]	16, 71
22:23[24]	16, 71
24:3	17, 71
24:4a	17, 72
24:16	17, 72
24:17	18, 72
25:3	18, 72
25:12a	18, 72
25:26	18, 72
29:41	19, 73
32:26	19, 73
33:13	19, 73
34:18a	20, 73
40:18	20, 73

Leviticus

2:1a	20, 73
3:3	21, 74
4:14	21, 74
4:21	21, 74
7:6	22, 74
16:5	22, 74
16:24	22, 74
19:12	23, 75

Numbers

8:22	23, 75
9:23	23, 75
11:10	24, 75
14:14	24, 75
16:13a	24, 76
16:33	25, 76
17:21[6]a	25, 76
18:20	25, 76
22:8	26, 76
35:4	26, 77

Deuteronomy

4:9a	26, 77
4:14	27, 77
4:49a	27, 77
11:1	27, 77

28:12a	28, 77	42:10a	39, 83
30:4a	28, 78	43:12	39, 83
		49:8a	39, 83
Joshua		57:21	39, 84
2:5b	28, 78		
10:25	29, 78	**Jeremiah**	
22:8b	29, 78	2:23a	40, 84
22:19a	29, 78	17:12	40, 84
		31:7	40, 84
Judges		44:27	41, 84
4:13a	30, 78	48:8a	41, 84
11:39	30, 79	48:25	41, 85
16:3	31, 79	50:9a	42, 85
1 Samuel		**Ezekiel**	
8:6	31, 79	16:8	42, 85
13:5a	32, 79	34:4a	42, 85
15:17	32, 79	42:19	43, 85
15:23b	32, 80		
2 Samuel		**Hosea**	
1:25	33, 80	1:2b	43, 85
12:27	33, 80	2:1[1:10]	43, 86
13:14	33, 80		
22:11	33, 80	**Joel**	
24:24b	34, 80	2:17a	44, 86
		4:2[3:2]	44, 86
1 Kings		4:19[3:19]	44, 86
6:2a	34, 81		
9:14	34, 81	**Amos**	
11:31	35, 81	2:15	45, 86
12:8	35, 81	7:12b	45, 87
13:31b	35, 81		
		Haggai	
2 Kings		2:15	45, 87
4:33	36, 81		
7:11	36, 82	**Zechariah**	
22:8a	36, 82	2:10[6]	46, 87
25:11a			
		Malachi	
Isaiah	37, 82	1:6	46, 87
2:2	37, 82		
22:13	37, 82	**Psalms**	
26:11	38, 83	3:9[8]	46, 87
31:3	38, 83	7:18[17]	47, 87
40:1	38, 83	22:12[11]	47, 88

31:7[6]	47, 88	28:13a	56, 93
33:11	47, 88	31:20	56, 93
40:4[3]	48, 88		
50:8	48, 88	**Ruth**	
51:4[2]	48, 88	2:8	56, 93
55:11[10]	48, 88	2:10	57, 93
59:3[2]	49, 89	3:9	57, 93
68:1[superscript]	49, 89		
71:3	49, 89	**Ecclesiastes**	
74:12	49, 89	1:7	57, 93
74:22	50, 89	4:7	58, 94
78:19	50, 89	5:2[3]	58, 94
80:15[14]	50, 89	8:13	58, 94
89:47[46]	50, 90		
94:9	51, 90	**Lamentations**	
95:10	51, 90	2:4	59, 94
103:19	51, 90	3:4	59, 94
105:4	51, 90		
107:37	52, 90	**Esther**	
119:25	52, 90	2:17	59, 94
119:46	52, 91	3:13a	60, 95
123:3	52, 91	5:1a	60, 95
127:4	53, 91		
147:10a	53, 91	**Daniel**	
		12:13	60, 95
Job			
16:21	53, 91	**Nehemiah**	
42:3	53, 91	1:10	61, 95
		8:18a	61, 95
Proverbs			
7:4a	54, 91	**1 Chronicles**	
14:12	54, 92	16:33a	61, 95
15:8	54, 92	17:1	62, 96
15:10	54, 92	29:15	62, 96
15:29	55, 92		
16:23	55, 92	**2 Chronicles**	
18:21	55, 92	29:11b	62, 96
27:9a	55, 92